シリーズ「遺跡を学ぶ」

169

旧石器文化から縄文文化へ

福井洞窟

柳田裕三

新泉社

旧石器文化から縄文文化へ

―福井洞窟―

柳田裕三

【目次】

装　幀　新谷雅宣
本文図版　松澤利絵

第1章　福井洞窟に魅せられて

1　狩猟採集民がみた洞窟

福井洞窟との出会い

二〇〇二年、大学三年生の春、九州縄文研究会長崎大会の懇親会場を途中で抜け出し、先輩・同級生、合計四名で島原から佐世保方面にむかった。ハウステンボスのイルミネーションを横目にめざしたのは福井《ふくい》洞窟。学史に残る遺跡を訪ねたい、純粋にみんなそう思っていた。着いたのは夜一一時をまわっていただろうか。駐車場に車中泊し、明け方五時すぎに目が覚めた。神社裏手の階段をのぼると霧のなかに岩陰《いわかげ》地形がみえてきた。はじめて福井洞窟に降り立った瞬間だった（**図1**）。

二〇〇八年、〝就職氷河期〟をなんとか生き抜き、佐世保市の埋蔵文化財専門職員になった。狭い道路、切り立った岩肌、斜面にそびえる石垣、川底の砂岩が露出するほど浅く狭い川、すぐそこには深く碧い西海……。佐世保市の街は、太平洋側で育ったわたしには窮屈に感じたが、福井洞窟、泉福寺《せんぷくじ》洞窟のある町だ、ここが自分のがんばりどころだ、と心に決めて夢をもって移住した。そして、わたしの人生は福井洞窟とともに大きく動きだすこととなる。

洞窟遺跡の多い西北九州

いまから二万年前の人びとの目に福井洞窟はどのように映っていたのだろうか。

福井洞窟のある西北九州の北松浦《きたまつうら》半島には、標高四〇〇メートル近い高地に玄武岩の溶岩台地が広がっている。この溶岩台地は、いまから六五五〇万年前から二五八万年前の第三紀に堆積した砂岩の上にあり、その後の河川の侵食や風化作用により削られ、入り組んだやせ尾根状の地形を呈している。そのため基

図1●史跡整備前の福井洞窟（2006年ごろ）
当初の整備は、福井稲荷神社社殿の左手、完掘した第2調査区を開口した状態で見学するものだった。しかし、経年の劣化により調査区の壁面の一部が崩落しており対策が必要であった。

盤の砂岩帯が露出し、崖状になった地形が谷間や河川ぞいにみられる。

そして河川はさらに砂岩の崖を削り、あちこちに岩陰や洞窟をつくっていった。福井洞窟にも近い佐世保市の左石《ひだりいし》という場所では、二〇一二年の大雨の際に五メートルの高さをもつ岩陰の先端部にあった岩体が落下し、水道管を破裂させた。爆弾が落ちたようだったと付近の住民は当時の状況を語っていた。自然災害と隣り合わせの地域である。

旧石器時代や縄文時代の遺跡はふつう、河川に近い段丘上などの眺望のきく開けた平らな場所にあることが多い。しかし、北松浦半島では狭い川とせり立った砂岩の崖とのあいだのわずかな場所にしか平らな土地はない。西北九州の太古の狩猟採集民は、こうした地形のなかで、天然の屋根ともいえる岩陰や洞窟を利用することで安全な居住場所を確保したと考えられる。そのため、半島中央の山間部から南西の九十九島湾へと流れる相浦川《あいのうらがわ》と佐々川《さざがわ》の河川流域にそって洞窟や岩陰の遺跡が分布している（図2）。

福井洞窟の場所

福井洞窟は、佐々川から派生した福井川支流の最上部に位置している（図3）。佐々川との合流地点から福井川ぞいにたどると、沖積低地が発達する直谷《なおや》地区から上流が渓谷となる。そして直谷《なおや》岩陰、上直谷《かみなおや》岩陰、福井洞窟とつづく。福井洞窟から上流は急峻な谷地形となり、峠を越えると玄界灘の海に到達する。このルートは現在も松浦・平戸方面に抜ける交通の要所となっている。

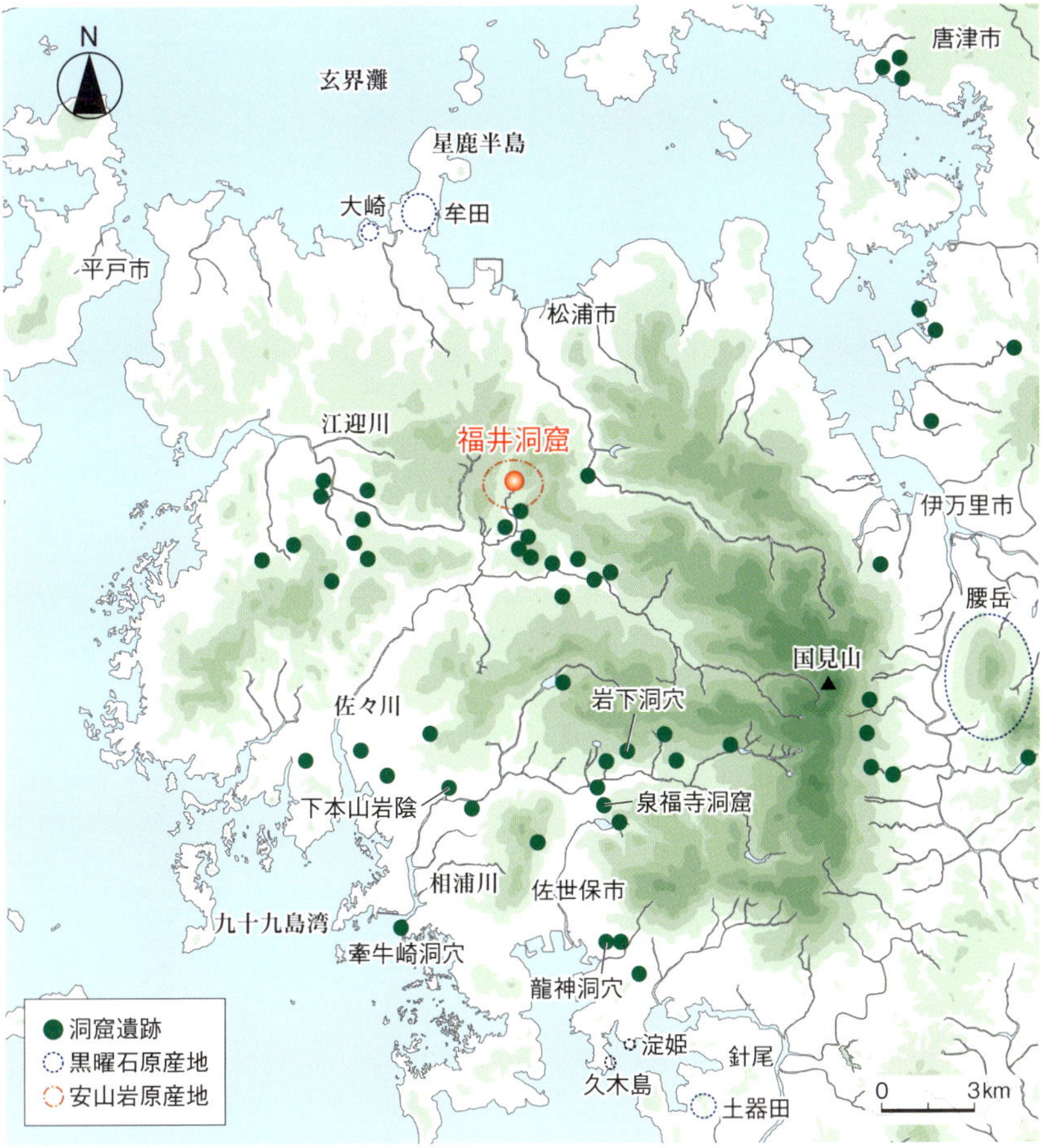

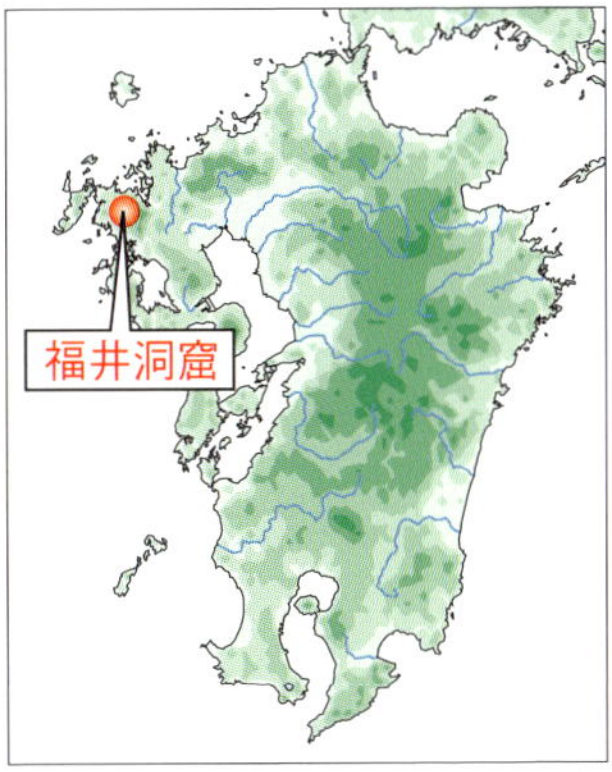

図２ ● 西北九州地域の洞窟遺跡群
河川流域に形成された洞窟に遺跡が分布している。洞窟遺跡数は佐世保市域で36カ所、周辺地域を含めると43カ所になり、列島屈指の洞窟遺跡集中域である。

図3● 空からみた福井洞窟周辺の地形
福井川にそって直谷岩陰、上直谷岩陰、福井洞窟などの岩陰・洞窟遺跡が点在する。写真上方は北松浦半島北側の海岸部で、星鹿半島には黒曜石原産地がある。

図4● 空からみた福井洞窟
福井川の沢ぞいを上流に登っていくと巨大な岩体がメルクマールとなっている。遊動生活を送る当時の人びとにとっては、よい集合地であったろう。

福井洞窟は、福井川ぞいにさかのぼっていくと大きな岩体がメルクマールとなっている（図4）。太古の狩猟採集民が最初に訪れたころは、いまよりも数倍大きい洞窟地形であったと考えられる。当時は氷河期の終わりにあたり、目まぐるしく寒暖が変化する地球規模の変動期にあたる。吹雪や大雨など予測が困難な状況のなか、岩庇《いわびさし》による天然の屋根を備えた洞窟は、獲物を追って移動しながら暮らしていた狩猟採集民にとって格好の居住場所だったにちがいない。

2 福井洞窟の発見

郷土史家松瀬順一

福井洞窟は一九七八年に国史跡に指定されるまで、「福井洞穴《どうけつ》」「福井岩陰遺跡」などとよばれていた（本書でも指定以前の記述については「福井洞穴」と表記）。「福井」とは地名で、遺跡周辺が地区の中心にあたる。

福井洞穴が遺跡であることを最初に見出したのは、郷土史家の松瀬順一《まつせじゅんいち》氏（一八九二〜一九七五）だ（図5）。松瀬氏は北松浦郡吉井《よしい》村（一九五一年に吉井町、現・佐世保市）に生まれた。一九一四年（大正三）、二〇歳すぎのときに偶然畑で石鏃をみつけたことがきっかけで考古学にのめりこむようになったという。

松瀬氏は、一九三五年（昭和一〇）に福井洞穴にある福井稲荷神社の社殿改築の際に、削った土砂のなかに土器片や石器をみつける。なかには押型文《おしがたもん》土器の欠片があり、縄文時代でも早い時期の遺跡として発見した。彼のような郷土史家の活躍が遺跡の発見・研究と保存に重要な役割をはたすことはしばしばある。

さて、こうして松瀬氏が地道な活動をしていた一九五〇年、佐世保市では、旧軍港都市転換法を活用し平和産業都市・観光都市のシンボルとして、九十九島や平戸、五島列島周辺地域を西海国立公園にしようとする運動が立ち上がり、指定にむけて地理や歴史、風俗などの学術調査が京都大学に依頼された。この学術調査は多角的かつ質の高いもので、その過程で収集された資料は、一九五四年に開館した佐世保市産業文化館（現・佐世保市博物館島瀬《しまのせ》美術センター）に多く収蔵された。

そして佐世保市産業文化館は長崎県域の文化の発信拠点となり、各地で精力的に活動していた郷土史家たちのコレクションも多く集まってきていた。そのなかに島原市の古《ふる》田《た》正《まさ》隆《たか》氏が収集した縄文時代から弥生時代の移行期にかけての山《やま》ノ寺《でら》遺跡の土器や、東彼杵《ひがしそのぎ》町の井《い》手《で》寿謙《じゅけん》氏が収集した旧石器時代終末期の西南日本を代表的する遺跡として知られた野《の》岳《だけ》遺跡の細石刃核《さいせきじんかく》などとともに、松瀬氏が収集した福井洞穴の遺物があったのである。

図５ ● 松瀬順一（1892－1975）
1960年ごろ、史跡大野台支石墓（佐世保市鹿町町）にて。長崎県北部の多くの遺跡を探査した。

旧石器を追う研究者たち

一九五九年四月、考古学者の鎌木義昌《かまきよしまさ》氏と芹沢長介《せりざわちょうすけ》氏（図6）、そして岩宿《いわじゅく》遺跡を発見した相澤忠洋《あいざわただひろ》氏らは、九州各地を巡見していた。

一行は、日本列島に旧石器文化があったことをはじめて証明した岩宿遺跡につづく遺跡をさがしていて、その道中、佐世保市産業文化館で開催された「古代文化展」を訪れたのである。これが後に福井洞穴発掘の契機となる。

当時彼らは、野岳遺跡出土の細石刃核に注目し、東彼杵町の井手氏を訪ねたのだった。芹沢氏らはすでに長野県南牧村《みなみまきむら》の矢出川《やでがわ》遺跡で細石刃核を確認しており、九州にも旧石器時代の資料である細石刃核をさがしていたと考えられる。井手氏が芹沢氏の書籍『石器時代の日本』を愛読していたこともあり、二人は親睦を深め、さらに島原の古田氏とつながり、福井洞穴の話を聞くこととなる。

鎌木、芹沢両氏はそのことが忘れられずに、翌一九六〇年に吉井町を訪れ、公民館で松瀬氏の資料を実見し、その出土状況を聞くことになった（図7）。そして二人は現地に赴く。洞窟の地表面で土器や石鏃を採集した結果、「さらに下層は旧石器時代までさかのぼる公算がつよい」と確信する。後に日本を代表する考古学者となる両者に着目されたことで、福井洞穴の運命は大きく変わることになる。

図6●第一次調査時の鎌木義昌（左）**と芹沢長介**（右）
考古学界の重鎮、山内清男のもとで出会った二人。その後、共同で発掘調査をおこなうこととなり、福井洞穴へむかうこととなった。

図7●吉井地区公民館で松瀬の資料をみる鎌木と芹沢（1960年）
写真右から間壁忠彦、鎌木、芹沢、一人おいて松瀬。

第2章　姿をあらわした福井洞窟

1　地下六メートルまで

一九六〇年の第一次調査

考古学研究者の全国組織、日本考古学協会は、一九四八年の発足当初から日本人の起源を求めて各地で勢力的に発掘調査をおこなっていた。その流れは、一九四九年の岩宿遺跡の発見により、旧石器文化の起源を求める研究へ加速する。そして一九六〇年代になると、それまでの日本人の起源の解明とともに、古人骨の発見や人がいつ土器を使いはじめたのかという土器起源の解明も目的の一つとして、洞穴遺跡が注目されることになる。

一九六〇年七月、日本考古学協会の西北九州総合調査特別委員会（代表・杉原荘介氏）による発掘調査として、鎌木氏と芹沢氏が中心となって福井洞穴の第一次調査がおこなわれた（図8）。

図8 ● 発見当初の福井洞穴と第一次調査
上：周辺には木々がなく岩体全面がみえる。洞窟の前には耕作地が広がっていた。
下：第一次調査時（1960年8月）の第1調査区の発掘風景。

第一次調査では、第1調査区（図9）を地面から二メートルほど掘削した。その結果、旧石器時代の遺物と考えられていた細石刃と、その後の縄文時代に使用が開始されると考えられていた土器の破片が同じ地層から出土するという画期的発見があった（図10）。

しかし、調査担当者の一人だった芹沢氏は、旧石器時代の遺物と縄文時代の遺物が同じ地層から出土する状況を、当時の学会の認識とは大きく異なることから共伴ではなく攪乱などの偶発的な状況もありうるのではないかとしてなかなか納得しなかったという。

一九六三年の第二次調査

その後、西北九州総合調査特別委員会の活動は、洞穴遺跡総合調査特別委員会（代表・八幡一郎氏）に引きつがれ、文部科学省の科学研究費の支援を受け全国各地で洞穴遺跡が

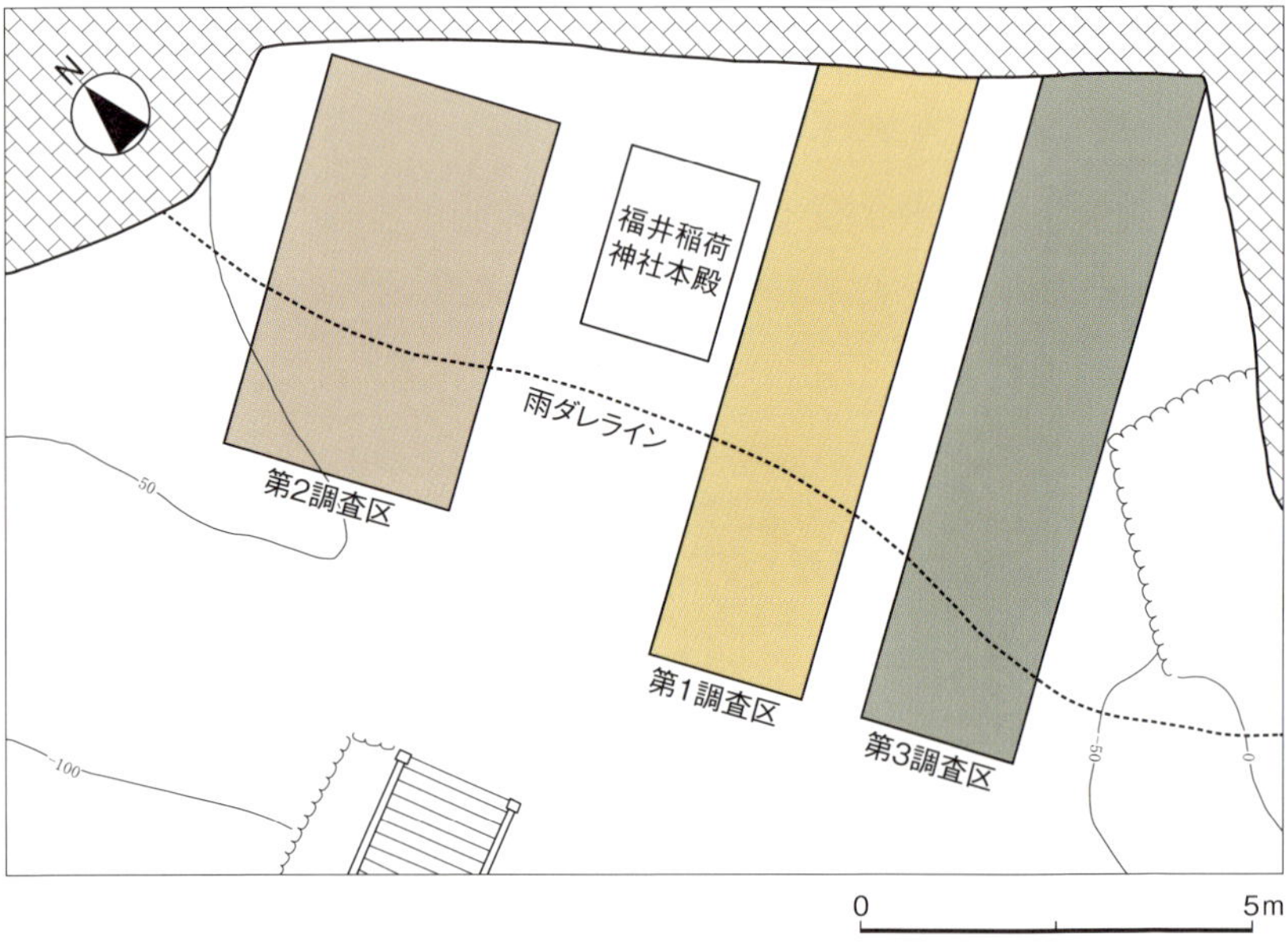

図9 ● 第一～三次調査時の発掘調査区
1960年の第一次調査は第1調査区を、1963年の第二次調査は第2調査区を発掘した。そして1964年の第三次調査では第2、3調査区を発掘し、とくに第2調査区では基盤層まで6m掘削した。

調査されることになる。そして福井洞穴の第二次調査が、洞穴遺跡総合調査特別委員会と長崎県の共同で、一九六三年二月二五日から三月一〇日の一四日間でおこなわれた。

第二次調査では、神社本殿の左側に幅三メートル、長さ七メートルの第2調査区を設定している。第一次調査よりも地表面の地層から細かく分けて発掘され、ここでも細石刃と土器片が同じ地層から出土する状況が追認された。第2調査区では三層下部までの一メートル弱が掘削された。

この結果、ついに芹沢氏も細石刃と土器が同じ時期に使用されたものと確信するのである。そして、旧石器文化の終わりごろに土器を使用する文化が出現すると考えるようになる。つまり、土器の出現は従来考えられていたよりも古くなると推定したのだ。

また、細石器に加えて有孔円盤形《ゆうこうえんばん》の土製品（図11）や石製品が日本列島ではじめてみつかったこ

図10 ● 第一次調査で出土した隆起線文土器片と石器群
第1調査区の第3層、暗色化した砂層中から出土した
縄文時代草創期の土器と石器。

とで、土器とともに定住化や祭祀的な文化的要素の出現と考えられた。これによって、シベリアのマルタ遺跡でマンモスの牙や肋骨などを利用して構築された住居址に加えてマンモスの門歯製の女性像などの祭祀具が出土するような、世界的な遺跡との比較研究が重要だと認識されたようである。

一九六四年の第三次調査

つぎに一九六四年の三月一九日から四月七日の二〇日間、第三次調査がおこなわれた。調査は日本考古学協会と長崎県・吉井町の共同で、福井洞穴の全容解明を目的に、第2調査区を最下層の砂岩の基盤までじつに六メートルの深さまで発掘したのである（図12）。

層位を明確に分けていくために幅三メートル、長さ七メートルの狭い範囲を、垂直に掘っていくのはたいへんなことだったろう。当時の写真には、ハシゴをかけて下り、電源コードを下げて裸電球

図11 ● 第二次調査で出土した土製有孔円盤
用途は不明だが装飾や祭祀的道具と考えられる。
希少な出土品として注目された。

で発掘面を照らしている様子が写っている。

最下層までの発掘の結果、旧石器文化から縄文文化への過程を確認することができ、縄文文化への発展過程が明らかとなった（図13）。

同年四月三日の西日本新聞には、旧石器時代の西日本における剝片《はくへん》製作技術である「瀬戸内技法」の剝片が出土した様子が鎌木氏のコメントとともに報道されている。また、最下層の15層から両面加工石器が出土し、ヨーロッパでみられる前期旧石器時代の「ハンドアックス」に類似する可能性を推察している。

近年、この調査の映像資料もみつかり、発掘資料を丹念にふるいにかける姿や小学生が見学する様子も映っている。新聞報道には、同じ佐世保市内で実施されていた縄文時代の人骨が多数みつかった岩下《いわした》洞穴の調査とも重なり、「県北に考古学ブーム到来」といった大きな見出しで特集がくまれるほど、一般市民にも注目され

図12●第三次調査（1964年）の第２調査区の完掘状態
岩盤まで６ｍを掘りぬいた状態。周辺にはハシゴや当時の道具がみられる。
15層の両面加工石器を撮影する前とみられる。

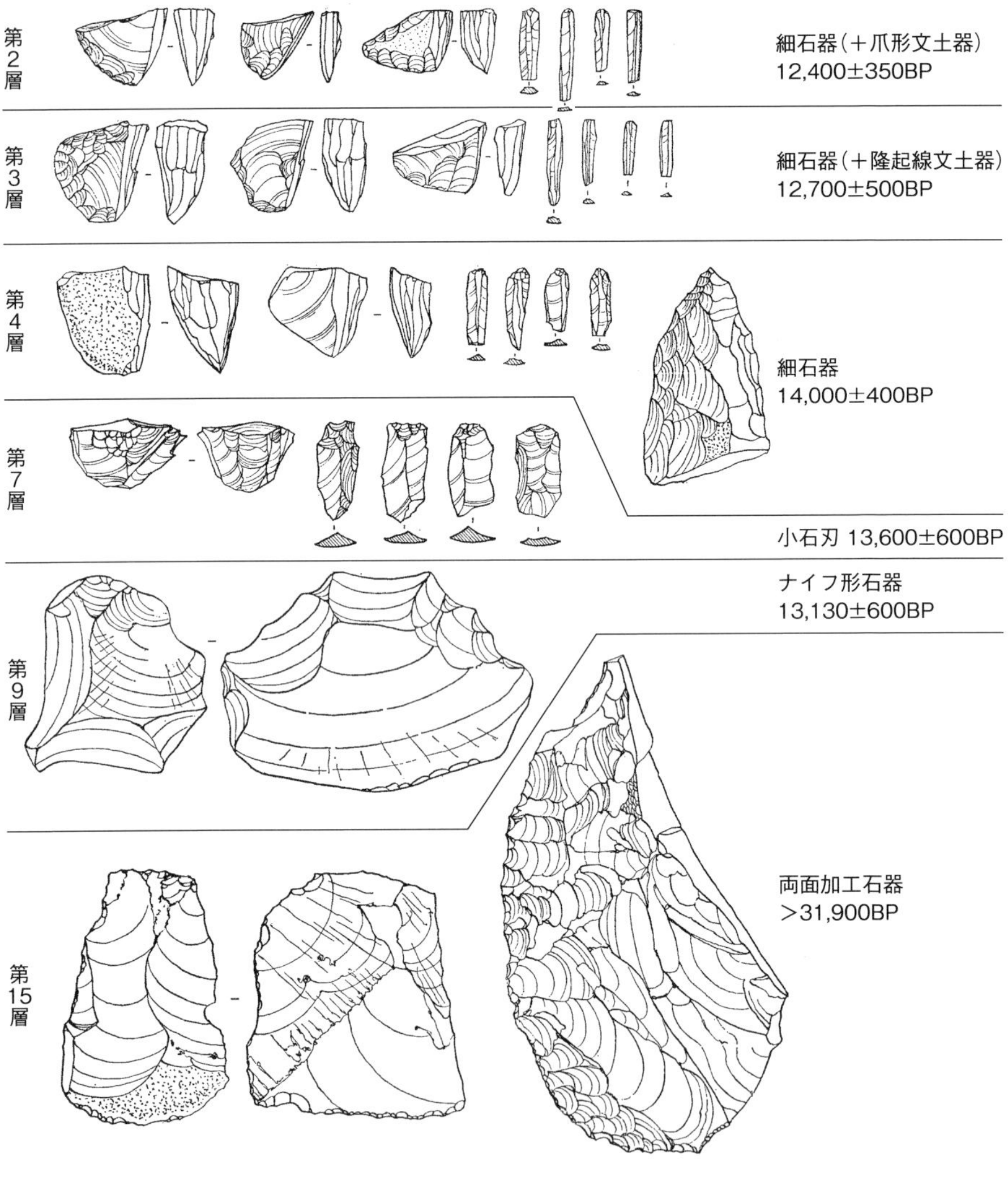

図13 ● 学史に残る福井洞穴の層位的発掘調査

2・3層では縄文土器と細石器を同一文化層で検出し、4層で細石器、7層で小石刃、9層でナイフ形石器剝片類、2mの無遺物層をはさみ15層で両面加工石器の文化層序を確認した。これらに放射性炭素年代測定による年代層序の検証を加え、旧石器時代から縄文時代の文化的変遷をとらえた。最新科学技術を用いた手法も学史に残るものであった。

ていた様子がうかがえる。

こうして一九六四年までに三次にわたって発掘された福井洞穴だが、調査に参加した研究者は、鎌木氏や芹沢氏のほか、のちに日本の旧石器時代や縄文時代の研究を担っていくそうそうたる顔ぶれであった（図14）。

2　学史に残る層位的編年研究

石器の編年研究

発掘調査の後、アメリカのウィスコンシン大学や学習院大学の木越研究室で、福井洞穴の各地層からとりだした炭化材をサンプルに放射性炭素年代測定がおこなわれた。岩盤に近い最下層（15層）の炭化材の年代測定結果は三万一九〇〇年前よりも古い値、つまりヨーロッパの中期旧石器文化に相当するものと考えられた。年代測定値と石器群をあらためて検討した芹沢氏は、15層の石器

図14 ● 第三次発掘調査のメンバー
前列左から柳元悦、橘昌信、間壁忠彦、林健作、雪田孝、一人おいて内藤芳篤、阿部義平、後列左から田川肇、飛高憲雄、右奥に芹沢長介がならぶ（東北大学鹿又喜隆氏のご教示による）。

群を、9層から出土した石器とともに、ヨーロッパ・アフリカ・西アジアの石器群と比較し、世界的な遺跡として考察した。

そして、その後の地層である7層から9層をナイフ形石器の段階とした。芹沢氏はその後、前期旧石器→ナイフ形石器→細石器→晩期旧石器→縄文時代という日本列島における旧石器時代から縄文時代への層位的編年研究をまとめていくこととなる。福井洞穴の層位こそ、「層位は型式に優先する」とした由縁であろう。

縄文時代草創期の土器群

土器の出現について、鎌木・芹沢両氏は、縄文時代早期よりも古い縄文時代草創期土器群として、隆起線文《りゅうきせんもん》土器（3層）から爪形文《つめがたもん》土器（2層）へと変遷することを福井洞穴の調査によって明らかにした（図15）。さらに、3層で出土した炭化材の年代測定値がおよそ一万二七〇〇年前となったことで縄文時代開始期の研究に新たな視点をもたらした。

これにより、縄文土器が世界各地の土器のなかでもっとも古い土器となり、世界から注目されるようになる。一方、縄文時代の開始期を二〇〇〇年前ごろととらえていた山内清男《やまのうちすがお》氏との論争における層位的根拠として提示された。当時、「本《もと》ノ木《き》論争」といわれた両者の年代観や時代像のちがいは、後の学術研究に影響をおよぼすことになる。

ついで、細石刃の製作技術については、福井洞穴2・3層で出土した石器群については「福井型」細石刃核と呼称されるようになり、西北九州を中心に九州一帯に分布する標識的な型式

図 15 ● 福井洞穴で出土した隆起線文土器（上）**と爪形文土器**（下）（レプリカ）
縄文時代草創期に、隆起線文土器（3層）から爪形文土器（2層）へと変遷することを明らかにした。

として認識されるようになる。

土器や細石刃石器群の層位的検出事例は、土器においては縄文時代草創期の型式変遷の基軸となり、細石刃石器群においてはその出現と変遷に関する研究を進展させることとなった。

福井洞穴の発掘調査に関する学術的成果が日本考古学史にとって非常に重要な位置づけにあることは、こうしたことからも理解できる。

「福井洞穴」から「福井洞窟」へ

福井洞穴の一連の発掘調査により旧石器文化から縄文文化の移行期の様子が明らかとなり、一九七八年に国指定の史跡「福井洞窟」となる。芹沢氏は日本考古学の学史をふり返るなかで、旧石器時代と縄文時代という二つの時代をつなぐ遺跡として福井洞窟を「文化の橋」とよんだ。まさに、その意義が評価されてのことであった。

芹沢氏は、『考古学と関連科学――鎌木義昌先生古稀記念論集』(一九八八年)への寄稿文で、福井洞窟を二人で調査したことがもっとも大きな思い出であると述べている。また晩年、吉井町教育委員会の平井勝《まさる》氏や長崎県教育委員会の川道寛《かわみちひろし》氏がうかがった際にも「調査することができるならもう一度福井洞窟を発掘したい」と述懐したという。

発掘調査報告書が刊行されなかったことでいくつかの学問的課題も残っていたが、二人の研究を継承した研究者により近年、報告書や資料図譜が刊行され、あらためて福井洞窟の学術的価値が見直されるようになっている。

第３章　福井洞窟をふたたび掘る

1　地下鉄工事みたいな発掘現場

再発掘への道のり

鎌田氏、芹沢氏らの一九六〇年代の調査から半世紀近くたった二〇〇八年、福井洞窟の史跡整備事業がはじまった。福井洞窟のある吉井町をふくむ近隣四町との合併で佐世保市が全国有数の洞窟遺跡所在都市となったことを受け、福井洞窟の整備事業が「新市まちづくり計画」の中核に位置づけられたのだ。

この事業の立案者は当時、佐世保市教育委員会理事の久村貞男《ひさむらさだお》氏と職員の川内野篤《かわちのあつし》氏。久村氏は國學院大學で、泉福寺洞窟などの調査を通じて洞窟遺跡や縄文土器の起源にかんする研究に功績を残した麻生優《あそうまさる》氏に師事し、佐世保市の文化財行政の基盤を築いた人物である。

第１章でふれたように二〇〇八年に市職員となったわたしは、まもなくしてこの事業を引き継ぐことになり、早々に文化庁と協議することになった。

　遺跡の整備を進めるためには、遺跡の内容を解明するための通常の考古学的調査にくわえて、自然科学的分析や地質調査のほか、三次元の写真測量や地層の剝ぎとりをおこない、調査後に資料を活用して史跡整備を進める必要があった。しかし、国史跡の指定を受けているということは、遺跡を将来にわたって保護していくことなので、遺跡を破壊することにもなる発掘をむやみにすることはできない。

　史跡の再発掘調査はよほどの理由がなければ事業として進められるものではなく、協議は難航をきわめた。結局、五年間にわたる国や県市および地域住民、学会との協議をへて、二〇一二年に発掘調査にこぎつけた。

図16●再発掘調査の開始（2012年）
社殿右側の第1調査区を再発掘した。両側面は真っ直ぐ掘り進め、開口部側（写真左手）からは安全勾配角度を確保して階段状に降りていくようにした。

地下鉄工事みたいな発掘現場

二〇一二年二月一日、雪が舞い散るなか、福井洞窟の再発掘調査に着手した。九州でも積雪が年に数日はある。福井洞窟のある山間部はとくに雪が降ると積もることが多い。

発掘対象にしたのは第1調査区（図9参照）。史跡整備で活用する地層の剝ぎとりが確実にできる地点で、史跡の破壊がもっとも少ない調査区を選定する必要があった。地層の硬さを調べ、第一次調査時の記録に詳細に目をとおし、国や県市、研究者と何度も検討して決定した。

調査区は幅二メートル、長さ八メートルの細長い範囲（図16）。一九六〇年の発掘調査で埋め戻された範囲を掘り返すことになる（図17）。当時、第一調査区の発掘は地下二メートル程度までだったが、第2章でみたように、第二調査区では地下六メートルまで発掘

図17 ● 福井洞窟の再調査状況①
地面から2ｍの深さまでは、1960年の調査区を掘りつぐように、壁面を精査しながら発掘調査を進めた。

図18 ● 福井洞窟の再発掘調査状況②
第一次調査では掘っていない深さ2mより下は、鋼鉄製型枠（プレート）をはめながら6mまで直掘りをおこなった。上：プレートを設置しつつ壁面を掘削。水糸で水平やグリッド位置を確認しながら発掘。下左：地表下4mでLEDライトで明かりをとりながら、壁面の地層を検討。下右：床面で検出した遺物の分布図を作成。

して岩盤にいたっている。今回の調査もそこまで掘り進むことになる。

調査は、長いほうの両側面を垂直に掘り、短い面は洞窟の開口部側から勾配をつけて階段状に斜めに降りていくようにした。

地面からまっすぐ六メートル近く掘るのは、調査区の壁が崩れて生き埋めにならないともかぎらない。また、洞窟での発掘は酸素濃度の低下や落石などさまざまな危険がともなう。安全対策と遺構保護のため、調査区に合わせた特注の鋼鉄製型枠（プレート）を設計し、深さ二メートルまでの調査が終了した後にプレートをはめてさらに深く掘り進めることにした（図18）。鋼鉄のプレートはとても重くクレーンを使って洞窟まで運ぶため、当時は工事現場とよくまちがわれた。

2　地層を明らかにする

あらわれた半世紀前に引かれた分層ライン

こうして毎朝、準備運動に安全確認の指差呼称、トレンチ内の空気濃度を測定して調査を開始した。また月ごとの安全講習など通常の発掘調査では考えられないほど十分な安全対策をおこなった。それでも事故は起こった。大事にいたらなかったのは、周到な準備と緊張感のある現場環境が生み出した作業員との一体感だったと思う。

史跡へのダメージを抑えるための対策もそれまでにないものだった。調査区周辺には地表面

図19 ● 福井洞窟の再発掘調査状況③
上：大量の排土はベルトコンベヤーで洞窟前庭に運びだした。
下：発掘調査を見学する児童と説明をする久村貞男調査員。
6mの深さに驚愕の声が現場に響いた。

を踏み荒らさないための保護シートを張った。また、せまい洞窟空間には排土をため込むスペースがなかったため、ベルトコンベヤーで洞窟前庭に運びだすことにした（図19上）。

最初の一カ月は第一次調査の埋め戻し土を掘り返すことからはじまった。調査区の壁を出すときには、「壁や調査区は豆腐の角のように真っ直ぐ削りましょう！」と作業員さんに言いつづけた。斜めになっていては正確な記録をとることはできない。せっかく調査してもあやふやなデータではただ遺跡を痛めつけただけになってしまう。

あらわれた壁を清掃すると、半世紀前に引かれた分層ラインがみえてきた。文献に残る記述と照らし合わせると、その正確性や表現したかった意図が手にとるように理解できた。

堆積状態と地層を追究する

地層の堆積過程の分析には、地質学の専門家で整備検討委員の西山賢一氏（徳島大学）に何度も来てもらった。周辺地形の分析から洞窟地形の形成過程を追究していただき、福井洞窟で起こったダイナミックな自然の営みを知ることができた（その内容は第4章でふれる）。

また、自然科学的分析の試料サンプリングも重要であった。分析調査を担当した辻本裕也氏（当時、パリノ・サーヴェイ）からは、分析やサンプリング方法だけでなく堆積過程や分層について、いくども現場で指導・助言を受けた。わたしが分層した線と図面をもとに、現場で遺物の出土状態にかんする議論をくり返した。意見が異なることもしばしばで、壁面を何度も削っては線を引き直した。LEDライトで洞窟内は明るく、夜になったのもわからず遅くまで現

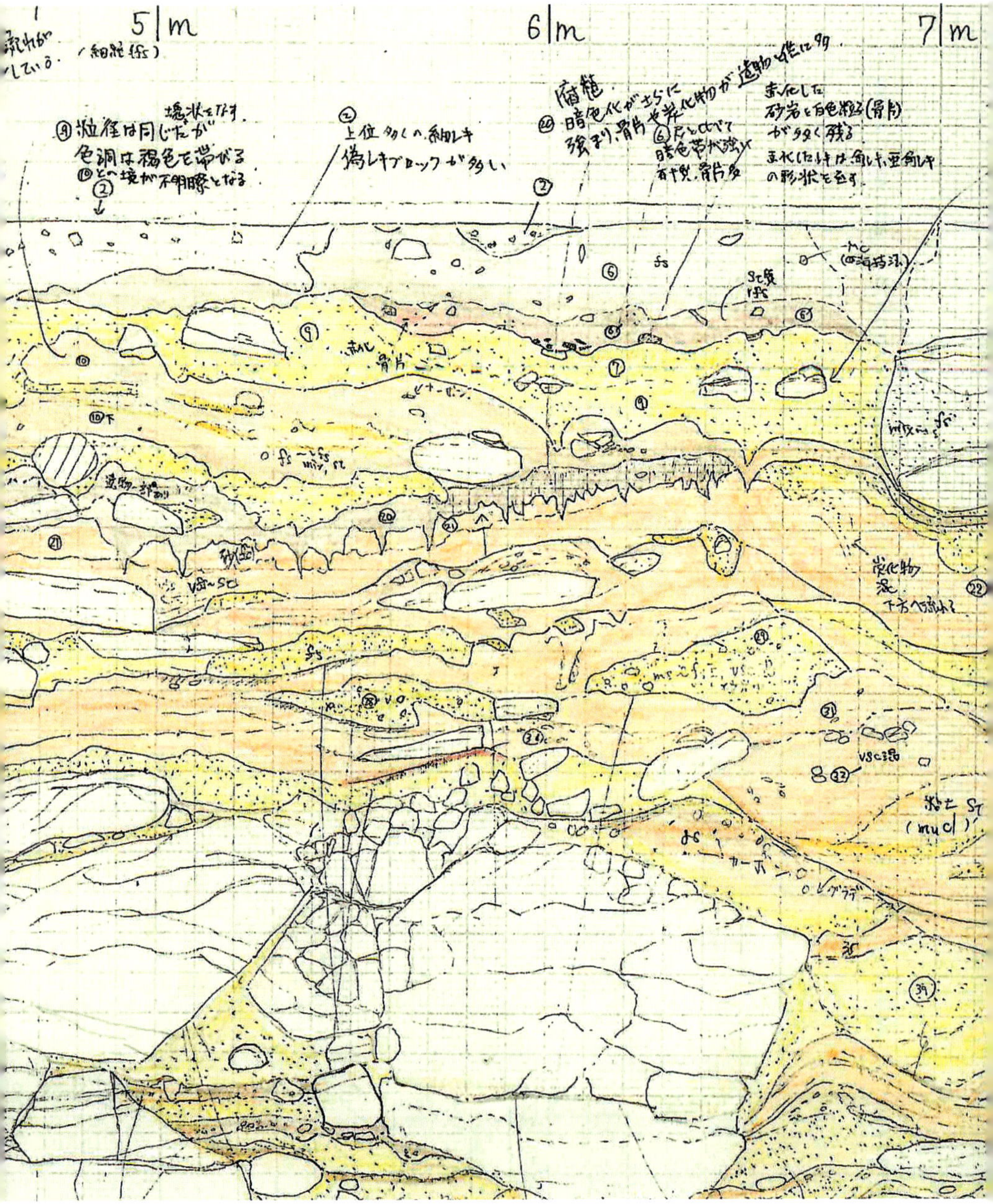

5m
6m
7m
⑨粒径は同じだが 塊状をなす
色調は褐色を帯びる
⑩との境が不明瞭となる
② 上位多くの細レキ
偽レキブロックが多い
腐植
⑳暗色化がさらに強まり、骨片や炭化物が遺物と共に多
⑥と比べて暗色帯が強い
赤化した砂岩と白色粒子(骨片)が多く残る
赤化したレキは角レキ、亜角レキの形状を呈す
炭化物
粘土 St
(mud)

図 20 ● 土層の写真（左）**とその実測図面**（右）
左：落石などにより複雑な地層となっているが、洞窟中央部では、厚く地層が堆積しており、砂やシルトで細かく地層が分かれている。右：3 回目の実測図。時には、土を食べてシルトと細砂を区分するなど、文字どおりかじりついて遺跡とむき合った。

場で検討する日がつづいた（図18左下）。

洞窟遺跡の特徴は複雑で細かな地層の堆積にある。その堆積物は、洞窟をかたちづくる岩体の風化土や落石などの内的堆積物のほか、風や雨水などに運ばれてきた外的堆積物からなる。南九州の火山灰が堆積する地域での発掘調査に慣れ親しんだわたしには、色調や削った質感ではなく粒子の大きさで地層を区分するジオ・アーケオロジーの手法は新鮮で、先述の二人の指導のもと、層位学を基本から学び直す機会となった。

以前から福井洞窟の地層には攪乱があるとの所見があり、地層の堆積順序は乱れているという先入観をもっていたが、高い精度で調査することで、平地の遺跡の地層では分けられない単一層を細分して調査することができることを実感した（図20）。

地層を剝ぎとる

自然科学的分析や三次元測量を終了した後、地層の剝ぎとり作業をおこなった（図21）。幅二・三メートル、長さ六メートルにおよぶ壁面から二カ所採取する予定だったが、保存科学の専門家で整備検討委員の沢田正昭氏に現地で指導してもらい、基本となる資料以外にも特異な形状の地層をとっておくようにとご指導いただいた。このことが、のちの整理時の地層堆積の分析や博物館での展示に役立つこととなった。

剝ぎとり作業は、まず地層を清掃し、薬品を塗布し、布を貼り、再度薬品を塗布し丸一日乾燥させる。地面から五メートル下で作業したときは、ガスを抜くために大きなパイプをぶら下

図21 ● 地層剝ぎとり作業
地層の中心部分を可能なかぎり多く採取した。作業は、地層を清掃し、樹脂を塗ってその上に布を貼り、固定させる。1、2日乾燥させた後、布に調査項目を記載して剝ぎとる。うまくいけば数ミリの厚さで剝ぎとれる。
上：上層での剝ぎとり、下：岩盤近くの剝ぎとり。

げたり大型扇風機をまわしたりとたいへんな作業だった。剝ぎとった資料は大人八人でなんとか運び出した。

遺物の詳細な出土状況を記録する

遺物がどのような堆積物のなかに埋まっているのかも、写真に記録するよう努めた。たとえば石器の場合、埋まっている方向が斜めなのか平坦なのかで、人によって埋め込まれたものなのか、廃棄されたものなのか、あるいは土石流などによって運ばれたものなのかを検証することができる。そこで「窪みの跡（インプリント）」の写真記録もとった（図22）。

地下四メートルの深さになると光がさえぎられ、光を必要とするデジタル測定機材が使えない。そこで出土遺構の平面図作成にあたっては昔ながらのアナログ手法で手書きした（図18右下）。

図22 ● 出土石器の記録
出土した石器は1点1点出土した地点を示す窪みも記録として残した。矢印の窪みが右の石器が堆積していた状態。

通常あまり細かなデータをとらない炭や骨の位置データも細かく測定した。そのことが、文化層の年代決定や同時期の堆積認定、共伴遺物の整理の際に大きく役立つこととなった。

3　あらたな発見

細石刃文化期初期の生活痕跡

調査の状況が一変したのは、遺物を含まない層と考えていた地層で新たな石器がみつかったときだった。二〇一二年五月二二日、その日、落石が堆積した地層を削岩機で掘削していたわたしは、先人たちの念入りな調査の痕跡に感動しつつ、その調査報告のとおり、この地層から下二メートルはなんの遺物も出てこないだろう、と思い込んでいた。

それが昼前、砂質の土に小さな砂岩がまばらに混じる地層がきれいな砂の層に変わりだした。一瞬、黒く光る石が目に飛び込んできた。その後つぎつぎと石器がみつかり現場が沸き立った。洞窟の地面から四メートル下に黒曜石で細石刃を製作した場所を発見した瞬間だった（**図23**）。

つづけて炉跡や焼土がみつかった（**図24**）。ここはのちに地層全体の検討によって12層としたところで、約一万八〇〇〇年前とわかる細石刃文化期初期の人類が生活した痕跡とわかった。その上に堆積していた10〜11層の時期に起こった落石によりパックされたことで残っていたのだ。この落石は先述した西山氏によれば、洞窟の北西側で地すべりが起こり堆積したものだという（**図25**）。

図23 ● 約1万8000年前の細石刃製作跡と炭化物の出土記録
上：12層でみつかった。ぞくぞくと発見される細石刃に現場では歓声があがった。
下：炭や骨も1点1点測量と写真記録したことで、後に各層の年代などを調査することができた。

図 24 ● 12 層の炉跡
円形に土が赤くなっているのがみえる。中央の溝はトレンチ調査（幅 3 cm）の跡。光ルミネッセンスを用いて焼けた石の被熱温度を推定した結果、炉の温度は 300℃で、現在の焚火の温度と変わらない。周辺には石器製作跡や解体加工に使われた石器があり、炉のまわりでの暮らしぶりがみえてきた（図 47 参照）。

図 25 ● 地すべりの復元模形（福井洞窟ミュージアム展示）
福井洞窟の北西側で発生した。中央が福井洞窟の開口部。

謎の石敷

さらに、わたしたちを悩ませたのが、洞窟の岩庇の直下でみつかった石敷《いしじき》であった（図26）。約一万九〇〇〇年前の地層でみつかったもので、はじめてみる光景だった。当初、自然に石が集まったのではないかとの見方もあった。

しかし、この石敷の部分を幅三〇センチで掘ったところ、断面から同じような石敷の堆積を確認した。そこで、石敷の石の形や重さ、円磨度のほか、石の傾きや方向などを調べ、また石敷のなかから出土した遺物や炭化物の分布、植物ケイ酸体について分析した。

その結果、石は現在の岩庇付近に帯状に敷かれており、旧石器人が洞窟前面の河川からの水や岩庇から落ちる雨によるぬかるみなどから生活空間を確保するために敷いたものだと考えた。古代や中世の遺構のような整然とした配置ではないが、比較的平坦な面を上にそろえ、生活しやすいよう

図26 ● 前例のない石敷（13層）
洞窟の前面、岩庇ラインでの調査区（左右幅2m）いっぱいにならんだ石。河川や雨ダレのぬかるみなどから生活空間を確保するために敷いたものだと考え、整備委員会で審議し「石敷」と命名（中央左にある黒い石〔矢印〕は細石刃核）。

になっていた。

石が敷かれた上にはササ類などの植物などがおかれ、その一段高い場所で細石刃の製作をおこなっていた情景がみえてきた。なかには三〇〇キロを超える大きな巨礫もあり、運んできた岩かどうか頭を悩ませたが、洞窟のすぐ近くに河川があったと推察できるため、近くまで川によって運ばれてきた巨礫と人為的に並べた礫が重なってつくられたのではないだろうか。

この石敷はこれまでの旧石器遺跡では類をみないものであり、遺構と判断することがむずかしかったが、近年、近隣の洞窟遺跡調査で同様の事例が増えている。

六トンの土を洗う

発掘で出た排土は、そのまま棄てずに保管した。調査時にはみつけることのできない微細な遺物が残っているためだ。そこで、発掘トレンチの区画ごとに土嚢《どのう》に記録をつけて保管した。その後、水で洗い、選別作業をして、微細な石器や土器片、骨、炭などを調べた（図27）。

とくに、細石刃文化期初期の生活痕跡がみつかった12層では、細かな細石刃が確認され、これを五〇点ほど接合した結果、二個体の細石刃核を復元することができた（図28）。これにより石器をどのような工程でつくっていたか、どこで石器をつくっていたのかもわかってきた。

また、2〜4層の土のなかからは骨片がみつかった。2層ではイノシシの歯やサバの背骨などのほか、石器でさばかれたときについたと考えられる傷のある動物の骨が含まれていた（図29）。洗うこと二年間。約六・一トンの土壌から多量の遺物を検出し、現地作業と合わせると

図27 ● 排土の水洗いと選別作業（吉井地区公民館にて）
洗い出した細粒から微細遺物を検出する作業。2年間で6tの土を洗った。
上：現地で詰めた土嚢から土をとり出し（左）、バケツいっぱいに水を入れ、炭化物などを浮かせて回収した後、下にたまった土を洗う（右）。
下：水洗い後の乾燥させた土（右）から、微細遺物を選別する（左）。

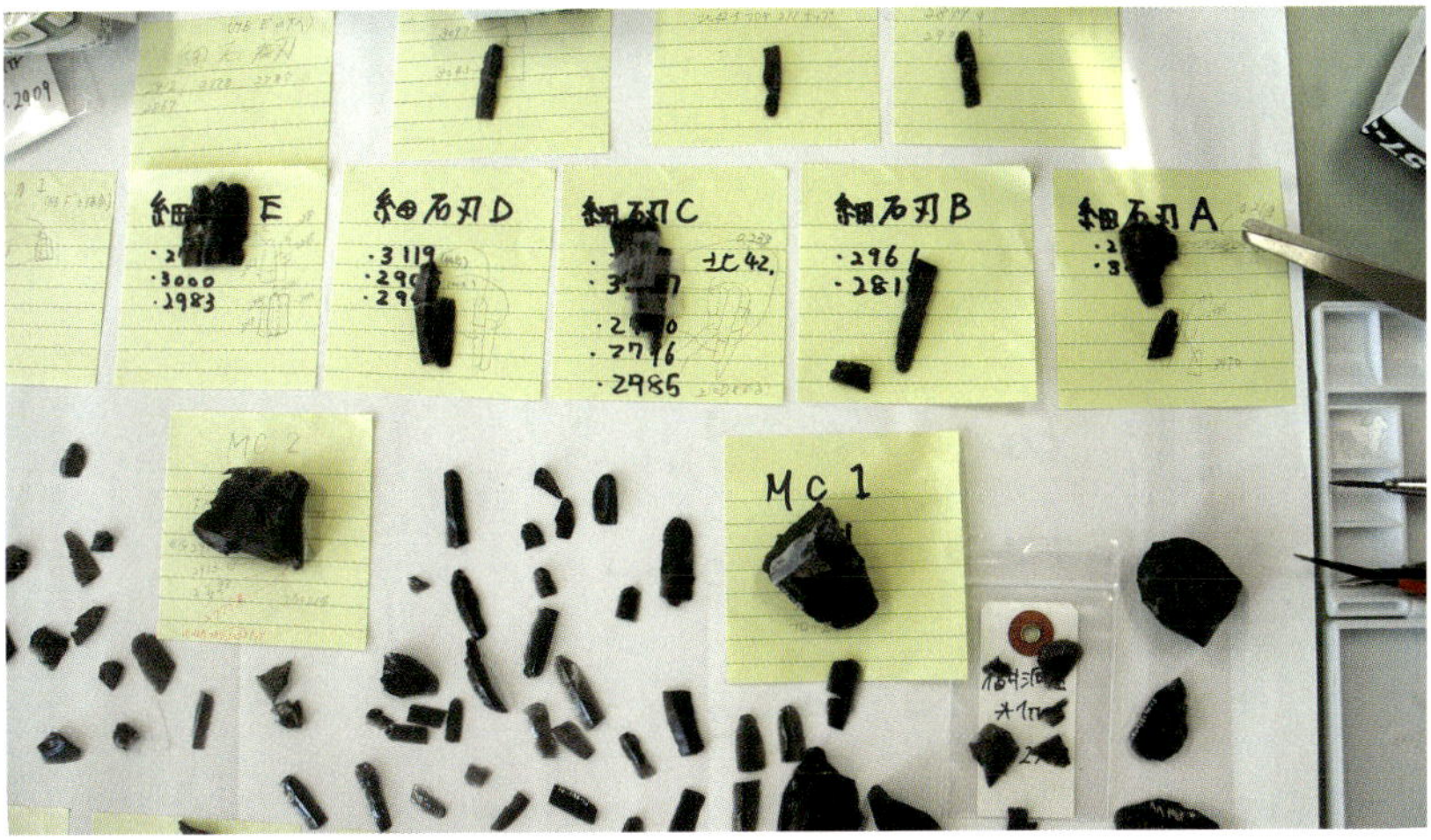

図28 ● **水洗いでみつかった砕片類**（上）**と細石刃の接合資料**（左）
各層ごとに水洗いして、細かな砕片を50点積み重ねて、細石刃核の接合資料が2個体分できあがった。

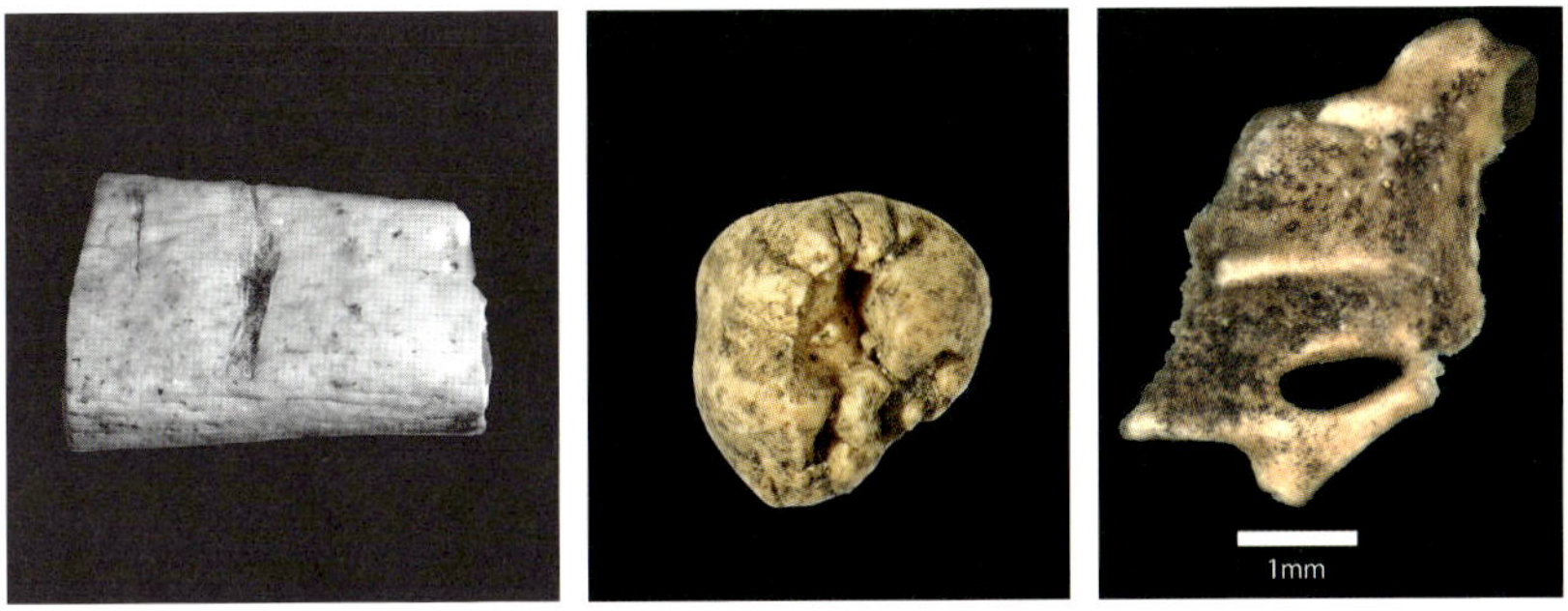

図29 ● **出土した動物遺体**
左：カットマーク（石器による傷）のある動物骨。中：イノシシの歯。右：サバの骨。縄文時代草創期に水陸にまたがる資源利用があったことを示す希少な事例。

七万点近い遺物を検出することができた。

4　明らかになった人間活動の変遷

悩みぬいた土層堆積

以上、二〇一二年の再発掘調査は、一九六〇年の第一調査区を掘りつぐかたちでおこない、多角的な分析を実施することができた。

洞窟特有の細かな堆積、洞窟の奥側や岩庇の前などで変わる堆積に悩みながら、地質学や堆積学の専門家から指導を受け、土層図作成作業を三度やり直した。プライドやこれまでの固定概念を捨て、一から層位学を学ぶよう気持ちを切り替えての実測作業であった。

鋼鉄プレートをはめながら掘り進める調査では、一度に上から下まですべての堆積をみることはできないため、土層図を職場に持ち帰り、三次元の写真測量図や出土遺構、遺物の地点との整合性を勘案しながら何度も検証して、六メートルにおよぶ土層図を作成した。最終的に、細かな地層の単位は一定堆積構造のなかにまとめ、大きな単位として一六層の土層図を完成させた（図30・31）。

出土遺物の層位的変遷

出土遺物は約七万二〇〇〇点にのぼり、そのうち六〇点で放射性炭素年代測定を実施した。

各層の年代測定幅は、1層で一万一八二年前（9080±40BP）、もっとも古い測定値が13層の一万九二四〇年前（15825±45BP）である。この年代測定結果は、堆積や遺物の型式学的変遷と矛盾なく、各層の年代を大略二〇〇〜三〇〇年単位でとらえることができた（図32）。

地層の堆積は少なくとも八時期（16層）にわたり、細石刃などの石器や土器片などの遺物が大量に出土した。

一九六〇年代の調査と比較すると、まず、2・3層では土器と細石刃石器群が同じ地層で発見され、その下の4層では土器はみつからずに細石刃石器群のみがみつかった。これは、一九六〇年代当時の土器の出現に関する調査成果をあらためて追認することになった。

一方、7〜9層では、これまで7層と9層は別の地層で、異なる時期の石器群ととらえられていたが、同一時期の地層であり、両者は石材のちがいであって同じ時期の石器群であることがわかった。また、12層や13層で細石刃石器群が出土したことで、細石刃石器群の変遷を層位的に確認した。

つまり、それまでは細石刃石器群の出現にかかわる石器群と考えられてきた7層の小石刃《しょうせきじん》や9層のナイフ形石器文化期の資料とされた資料群が、細石刃文化期の所産でありつつ細石刃を製作しない石器群であることが明らかとなった。それは、これまで遺物のない地層と想定されていた12〜14層において遺構・遺物を確認したことによる成果といえる。とくに12層では炉跡にともなう石器製作址などを検出したことで、洞窟利用の一端が明らかとなった。

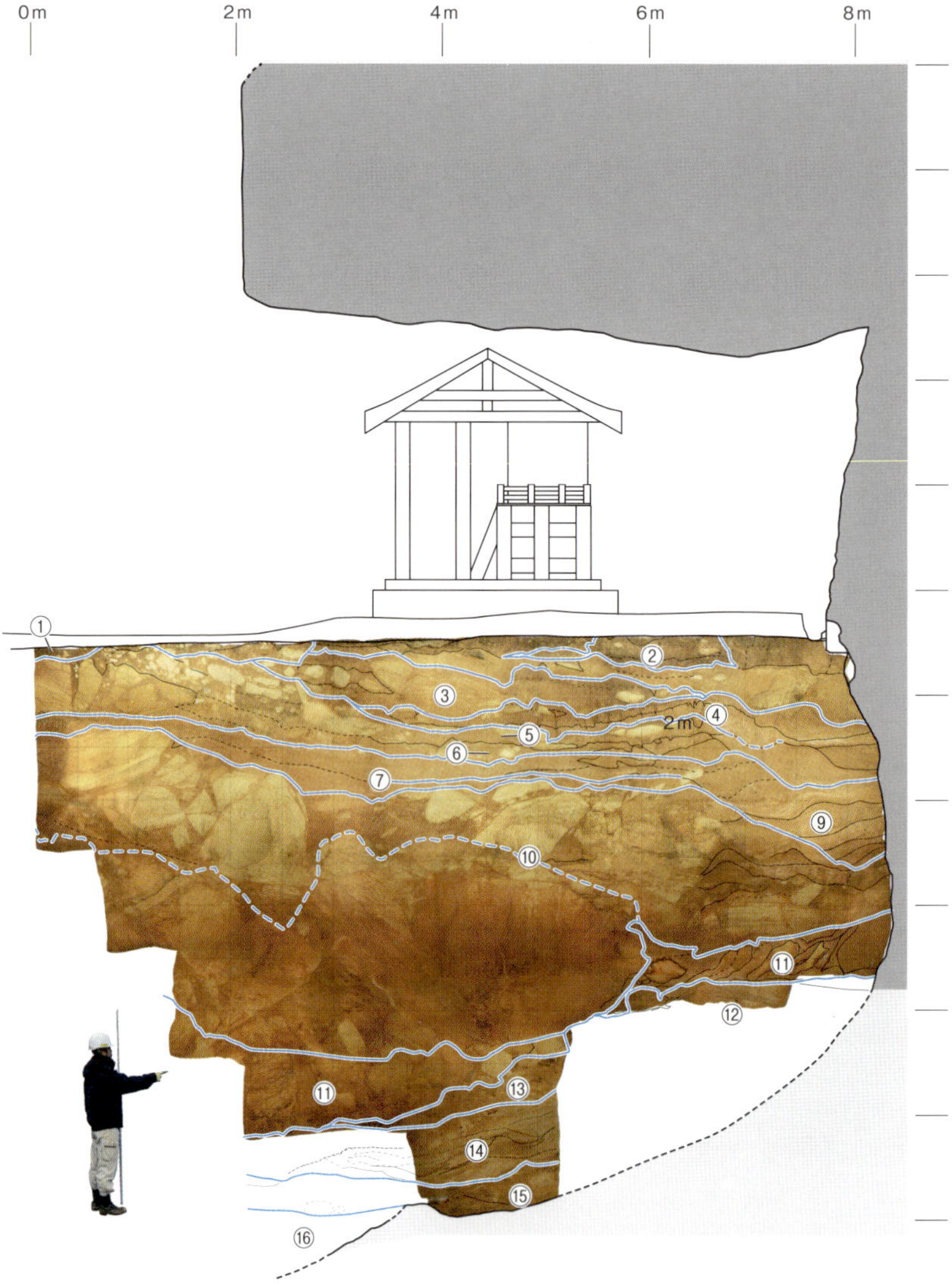

図30 ● 三次元写真測量により再現された福井洞窟の地層断面図
6mにおよぶ地層で、色合いや筋から複雑な堆積の状況がわかる。青いラインが大きな地層のまとまりで区切った各層序。そのなかにも細かな地層の堆積がある。左端は著者で身長約170cm。

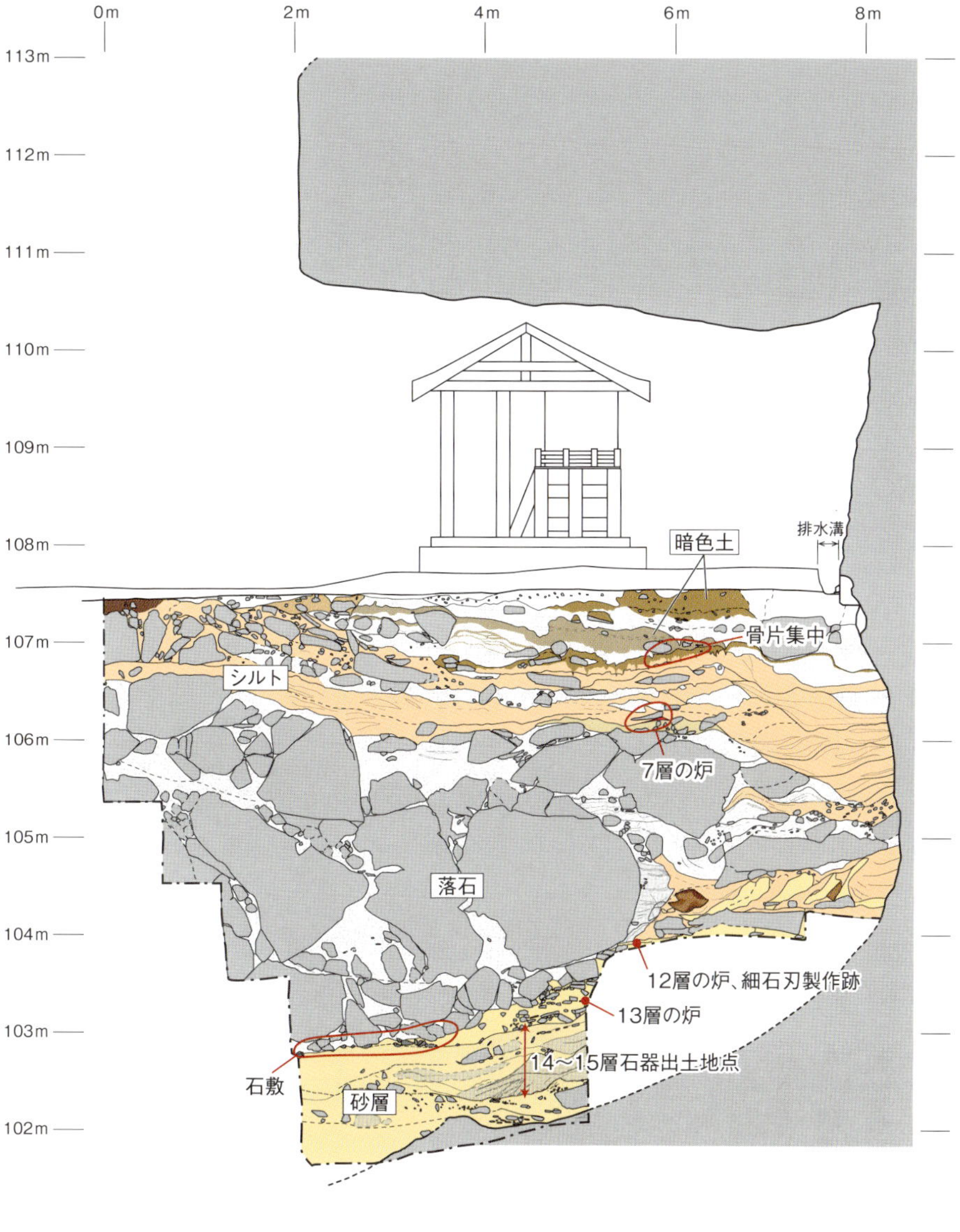

図31 ● 福井洞窟の地層断面図
調査区の詳細な調査（図20参照）によって明らかになった地層の堆積。洞窟ならではの細かな堆積がみられ、洞窟中心部では複数の炉跡がみつかっている。大きな落石の前後で堆積が変わっているのは、地形による変化があった証拠。くり返し落石していたこともわかる。

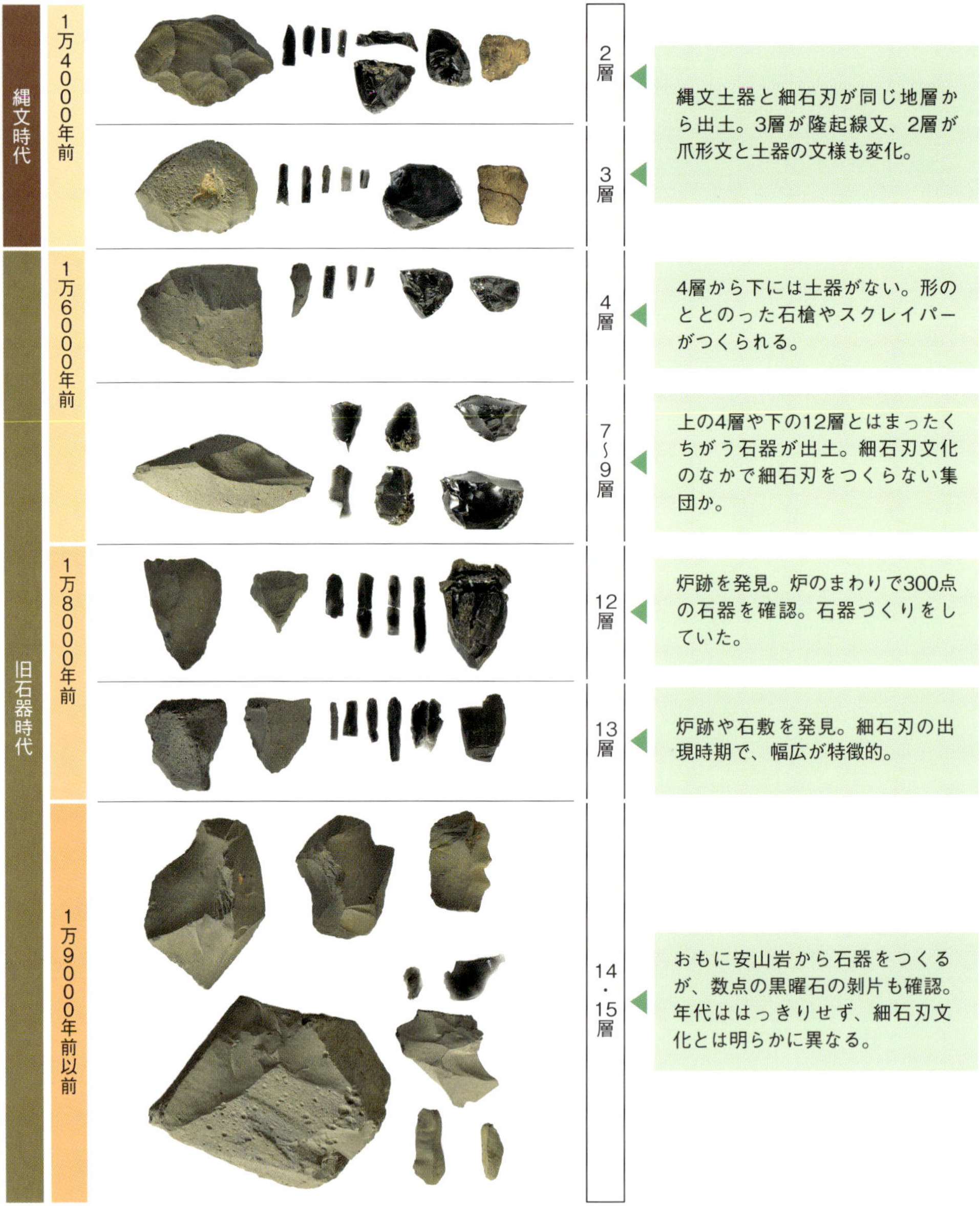

図32 ● 福井洞窟出土遺物の層位的変遷
各地層の出土遺物から道具の変化を読みとることができる。とくに細石刃石器群の型式変化と土器出現の様子が明確となった（1960年代の調査成果は図13参照）。

15層の堆積と年代

13層では石敷と炉跡にともない細石刃石器群を確認した。15層では、五万五〇〇〇年以前などで放射性炭素年代測定の結果を得られず、遺物と堆積との整合をとることができなかった。そこでこれらの炭化物の樹種同定分析をおこなったところ、石炭の一種である亜炭《あたん》（褐炭《かったん》）であることがわかった。これは人為的に木材が焼かれたものではなく、洞窟の岩体である砂岩に含まれる石炭が福井川の侵食により削りだされ、混在した可能性が高い。

年代を知る別の手がかりとして、火山灰分析や光ルミネッセンスなどいくつか試みたが、年代を判断できるような分析結果は得られなかった。加えて14・15層は河川堆積物であり、そもそも年代決定のむずかしい堆積層序であった。これにより15層石器群の位置づけについては、いまだ研究課題として残されることとなった。

第4章　狩猟採集民と福井洞窟

1　激変する環境と福井洞窟

寒冷化と温暖化のくり返し

福井洞窟での本格的な生活の跡がよく残る約二万年前は、現在よりも平均気温が一〇度ほど低い「氷河期（氷期）」とよばれる環境だった。

近年の自然科学や調査技術の進展で、極地の氷河に閉じ込められた太古の空気や鍾乳洞にある鍾乳石の成長過程、湖底に沈んだ花粉の分析などがおこなわれ、当時は数十年あるいは数百年という単位で温暖化と寒冷化をくり返していたことがわかっている。

縄文時代が始まるころ（約一万六〇〇〇年前）は、寒冷な時期だったと考えられているが、約一万一七〇〇年前になると急激な温暖化をむかえ、ほぼ現在に近いかやや寒冷な環境となっていた。福井洞窟に人びとが住んでいた時代はまさにこうした激変する環境であったといえる。

東シナ海は広大な平野

福井洞窟で人びとが暮らしはじめたころの地形はどうだったのだろうか。旧石器時代の最終氷期最寒冷期（Last Glacial Maximum＝LGM）には、日本列島の海水面は現在よりも一〇〇〜一四〇メートル低い場所にあったとされている（図33）。北海道は大陸の極東地域と連続し、寒冷な季節には本州島ともつながっていたと考えられている。西北九州は、朝鮮半島と対馬のあいだの狭い海峡をへだてて大陸に面する状態にあった。対馬はやや温暖な植物相であったとされ、一方で当時内陸に位置していた壱岐は寒冷な状況であったと考えられている。

図33 ● 西北九州の旧石器時代の海水面と旧石器時代の遺跡
旧石器時代の最寒冷期の海岸線は現在よりも120ｍ低い場所にあった。
現海底に平野部が広がっていたことがわかる。

二万八〇〇〇年前から一万八〇〇〇年前までは、現在よりも一二〇メートル程度の低い海水面であったが、徐々に海水面は上昇し、九三〇〇〇年前には現在に近いところまで上昇したと考えられている。そのため福井洞窟が利用された期間は、海水面が現在よりも一二〇メートル低い時期からマイナス九〇メートルをへて現在の高さまで、地球規模で大きく変動した期間にあったといえる。

東アジア全体を俯瞰してみると、現在の東シナ海に広がる大陸棚は大河の流域の広大な平野だった。西北九州は、黄河流域から末端部に近い対岸にあたり、大陸からさまざまな先史文化が流入する玄関口であったと考えられている。

2 福井洞窟の形成と利用

福井洞窟の形成（最終氷期）

本節では、発掘調査でわかった知見をもとに、福井洞窟自体の変遷（図35および図30・31参照）と人びとの活動を順にみていこう（図32参照）。

福井洞窟ができたのは、佐々川と江迎川《えむかえがわ》の河川争奪《かせんそうだつ》（侵食力の強い川が隣接する川の一部分をみずからの流域に組み入れること）によって崖が形成されたことに起因する（図34）。それまで玄武岩台地の上を流れていた福井川が、地すべりにより流れをせき止められ、江迎川水系から佐々川水系に切りかわる際に台地を侵食していって洞窟ができた。この時期は16層堆積以前の最終氷期ではあるが、年代は明確でない。

約一万九〇〇〇年前以前（16～14層）

福井洞窟の最下層には、河川の氾濫によってもたらされた粗い砂や小さな円礫が多い。この層のなかに安山岩を主体とする石器群と数点の黒曜石製の剝片や砕片が含まれていた。

石器は表面の摩滅がなく、その場で打ち割ったような角ばった鋭利な形をしている。母材となる石核に加え、石器をつくるときに出た剝片や砕片もあることから、川の水が引いた際に、石器づくりをおこなっていたと考えられる。剝片は縦長を意識したものと

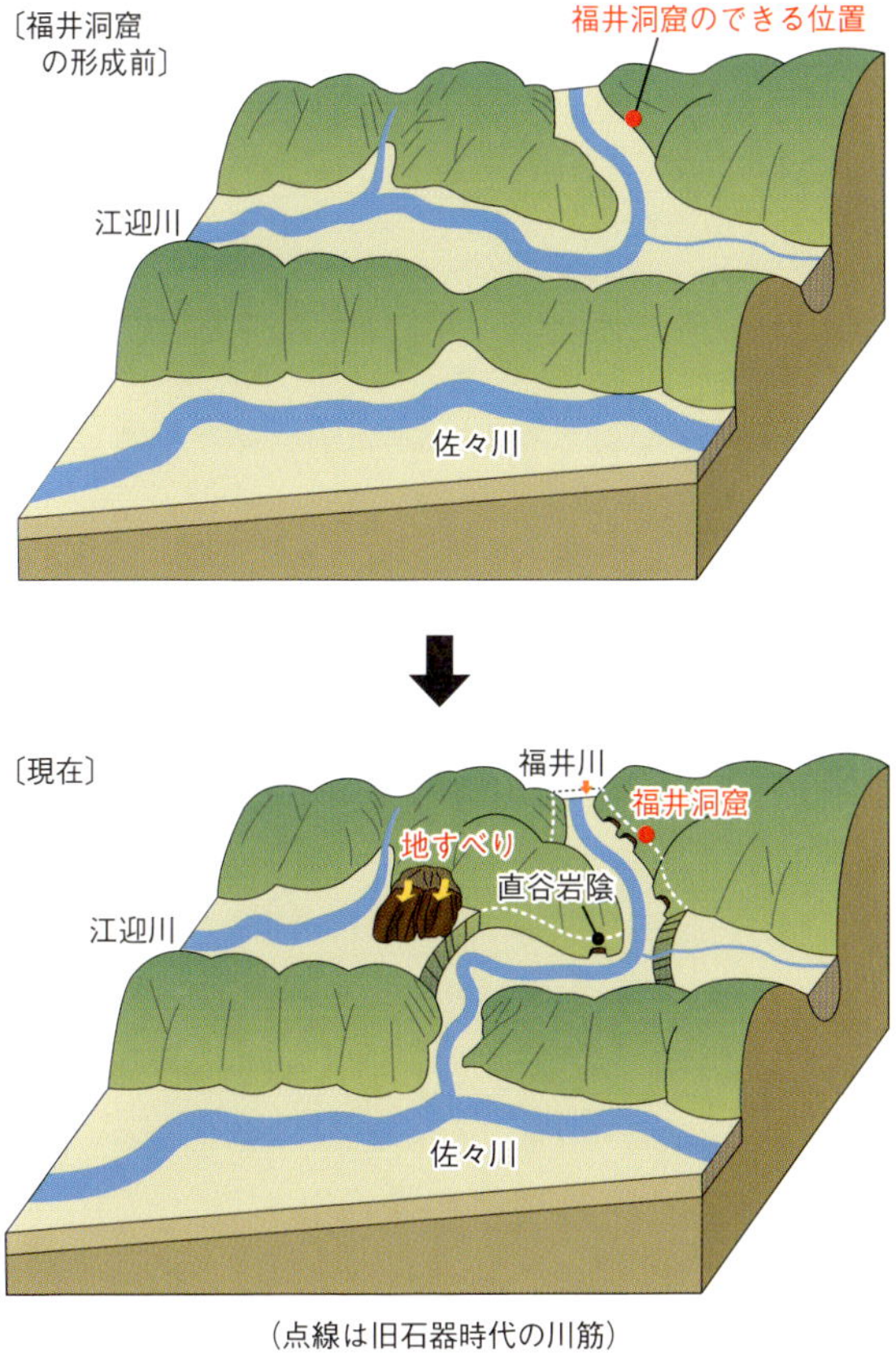

図34 ● 福井洞窟の成り立ち
当初、福井川は江迎川に流れていたが、地すべりにより川がせき止められ、佐々川へ流れるようになった。江迎川より低い位置を流れる佐々川に流れ込んだことで流れが急になり、台地を侵食していって福井洞窟ができ、また川底を削り福井川は少しずつ河床が下がり、洞窟はいまの高さとなった。

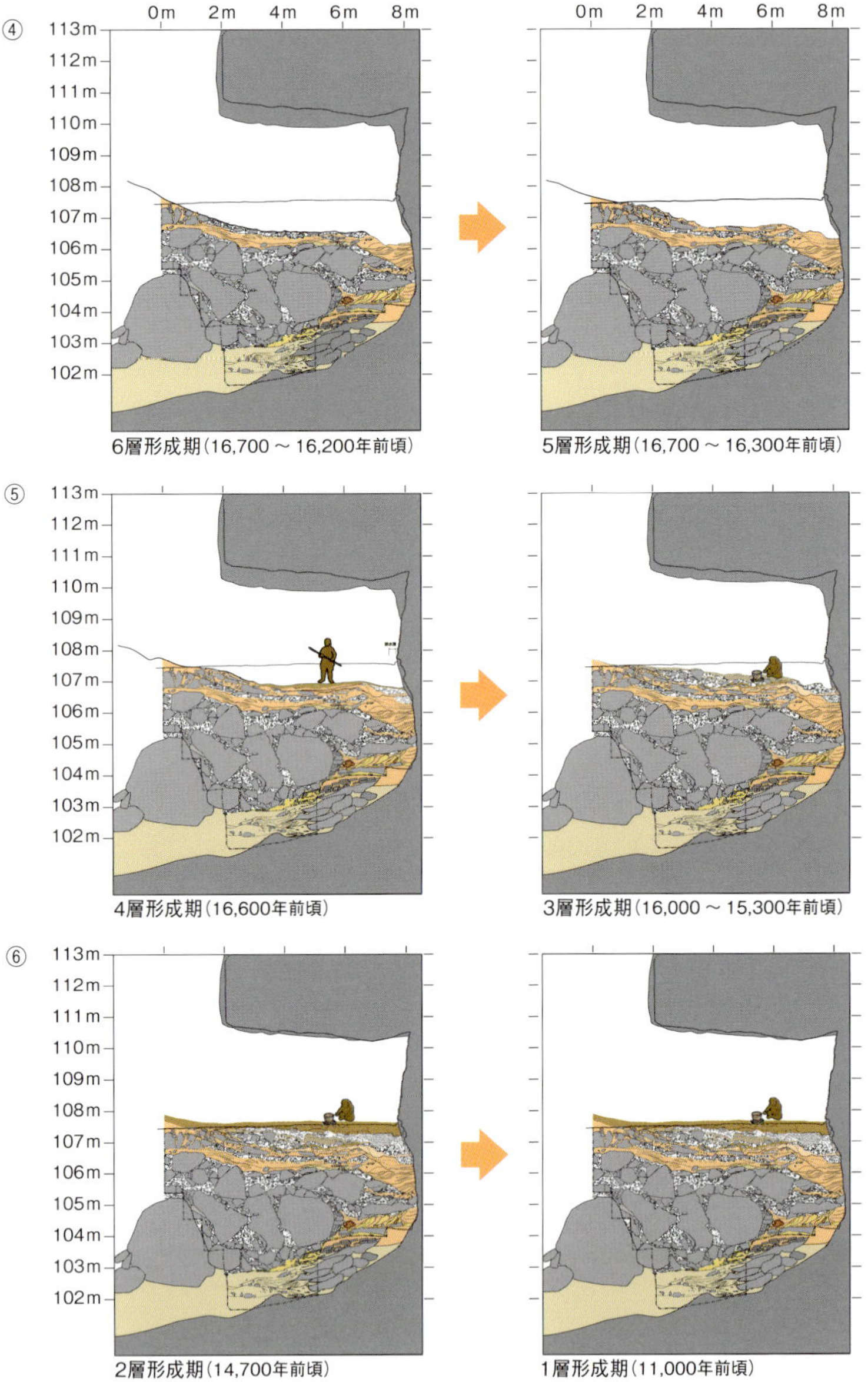

図35-2 ● 福井洞窟の堆積過程②

落石後間もなくしてふたたび生活をはじめているが、4層からは堆積が安定して細かく地層が堆積していった。洞窟の平坦な中央部でもっとも多くの遺物がみつかっていて、くり返し同じところを利用していたことがわかる。

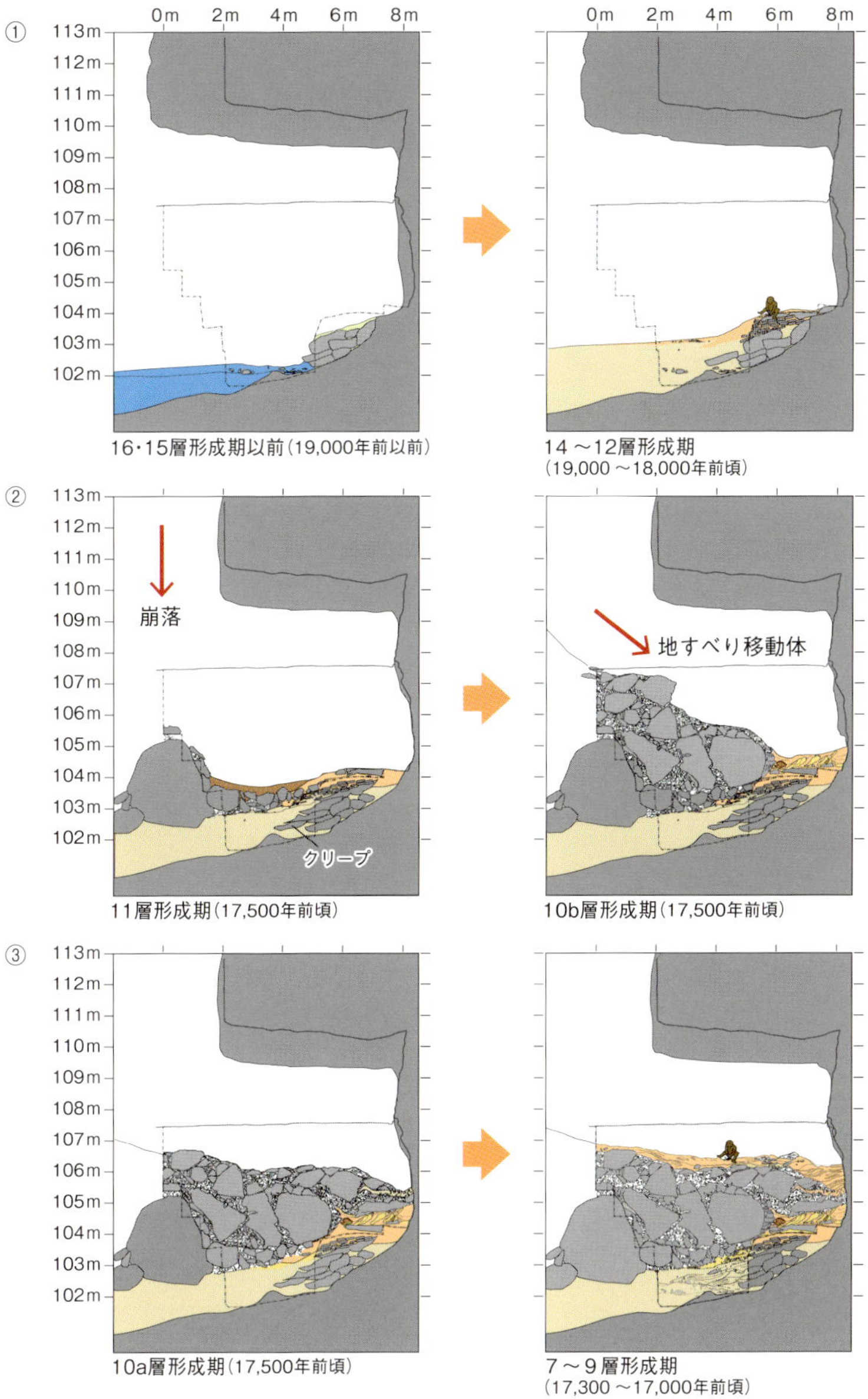

図35-1 ● 福井洞窟の堆積過程①

当初は高さ８mにおよぶ大きな岩陰状の地形で、目の前に川が流れていた。川の流れが変わって水が引いたときに少し高い平坦なところで生活していた。突然の落石により天井の石が入口をふさぎ土砂が流れ込んできたことで、洞窟地形へと変化したことがわかる。

斜め方向に直接打撃して剝離したものがあるが、定型的なまとまりはなかった。経年による表面の風化の度合いが一様ではないことから、石器の技術や具体的年代については不明である。

約一万九〇〇〇年前（13層）

13層は洞窟中央から奥側の一部に平坦な地形がある。洞窟の奥側から剝がれた板状の岩が堆積しており、河川の水や岩体を浸透してきた水によって洞窟が削られた影響がみられる（図35①）。洞窟ができたころの岩庇の高さは一〇メートルほどで、いまよりもややせり出した状態であったと考えられる。つまり洞窟は現在よりも大きかったと推定される。

当時、河川は洞窟に近い場所を流れていて、洞窟の近くまで河床礫が点在していたと考えられる。そのため、石敷（図26参照）は、岩庇下の雨ダレや河川のぬかるみの対策として置いたと考えられる。

この時期、洞窟の中心部では炉が焚かれ、細石刃を製作し、スクレイパーで動物を解体した跡があり、明らかに人びとの営みがみられる。また、炉跡や石敷の土壌からは植物ケイ酸体分析によってササ類が確認されている。炉跡でみつかった燃料材の樹種は広葉樹と針葉樹で、これは寒冷期における洞窟周辺の植生を示している。

約一万八〇〇〇年前（12層）

12層は、洞窟中央から奥側にかけて平坦で、中央から洞窟の入口にかけては緩やかに低くなっていた（図35①）。その後の10・11層の落石によってへこんでいるが、本来はそれほど急勾配ではなく、緩やかな傾斜であったと考えられる。このころでも岩庇までの高さは八メートルほどあったと推定され、現在よりも大きな洞窟であっただろう。

10・11層の時期に起きた地すべり堆積物によって、12層の時期の生活面が一時的に保管され、洞窟のなかには炉を中心にさまざまな生活の痕跡が残っている（図47参照）。炉から奥壁側では細石刃の製作や槍などの道具製作、洞窟中央の炉のあたりでは動物の解体や加工、炉の前面では植物や道具の加工などをしていたと考えられる（図36）。炉はさまざまな活動の際の明りとりにも利用され

図36●福井洞窟12層（旧石器時代、1万8000年前）の遺物組成
狩猟具（細石刃）以外に、衣食に関する道具（石錐・削器・礫器・台石）がある。

ただろう（図37）。

炭化物の樹種同定と花粉分析から得られた結果から、当時の洞窟の周辺にはクリなどの落葉広葉樹の中低木のほか高木となる樹種が生育し、燃料材として用いられたと考えられる。

約一万七五〇〇年前（11・10層）

10層と11層には、洞窟入口から奥壁側にかけて、厚さ二メートルを超える岩の塊や土砂が堆積していた（図35②③）。この岩の塊は、洞窟の北側で地すべりが起き、洞窟の天井にあった岩が落下したものと考えられる（図25参照）。また地すべりは当時の福井川を一時的にせき止め、岩や土砂が洞窟のなかにまで流入して

図37 ● 約1万8000年前の福井洞窟での生活（画：早川和子）
炉をかこんで石器づくりや道具の手入れをおこない、寒いなかにも明日の狩りや移動先について考えをめぐらせていたのではないだろうか。

きたと考えられる。それによって岩の塊が地層を奥壁側まで押し込んだのだろう。

上下の地層の炭化材で計測された放射性炭素年代測定から、この地すべりは約一万七五〇〇年前に発生したと推定している。突発的な自然災害により、洞窟は閉ざされた空間となったことだろう。

約一万七三〇〇〜一万七〇〇〇年前（9〜7層）

7〜9層は、落石などにより洞窟の入口が高く、奥壁側が低くなっていた（図35③）。とくに奥側は細かい砂と泥が互層となっていく重にも堆積することから、水が何度も流れ込むなか、比較的乾燥して平坦な洞窟の中央部が利用されたものと考えられる。このころの岩庇までの高さは四・五メートルほどあったと推定され、現在よりもやや大きめの洞窟であった。

この地層では時期の異なる炉跡二基が中央部でみつかった。遺物は、安山岩製で横長の剝片と黒曜石製の丸い円礫からつくられた小さな石刃状の石器が出土した。かつて鎌木・芹沢両氏の調査では、小石刃と呼称された石器がそれである。

石器の分布や炭化物をサンプリングして分析した放射性炭素年代値から、最低でも二つ以上の異なる時期が想定される。一方で、石器の製作技術には一定の共通性がみられる。このことは同じ技術・型式が一定期間にわたって存在していたことを物語っている。

ところが、その技術が問題である。この時期は旧石器時代終末期で日本列島の各地で細石刃をつくる技術がみられるのだが、この石器群には細石刃がない。不定形な小さな石刃状の石器を適当に打ち欠いただけで、ほかの遺跡でもどの時期にあてはまるのか、皆目見当がつかない。細石刃文化の時期でありながら、細石刃をつくらない。謎に包まれているが、今後の研究の進展をまつしかない。

炉跡やその周辺から石器が出土しており、当時の人びとが炉をかこんで石器づくりをしていたことがわかる。特定の製品が少なく、打ち欠いたときにできる剝片と母岩となる石核がほとんどである。12層とくらべると遺物組成（道具のセット）が大きく異なっているため、洞窟の利用法が異なっていたと推察される。製品となった道具は持ち出された可能性もある。

炭化材の樹種同定では、マツやヒノキなどの針葉樹、ナシ亜科やカエデ属、トリネコ属などの中低木の落葉広葉樹で、高木となる樹種が洞窟周辺に生育し、燃料材として用いられている。

なお、7〜9層の上層にあたる5・6層は明確な遺構・遺物がなく断続期間がみられる（図35④）。

約一万六六〇〇年前（4層）

4層は、5層や6層の天井崩落により入口側がやや狭く、奥壁側で低い形状となっているものの、7層にくらべると比較的平坦な部分が広がっている（図35⑤）。落石などもほとんどなく、暗色の土壌化がやや進んでいるため、これまでにくらべて安定した居住環境だったと考えられる。

4層の上部はシルト混じりであるが、地層のひび割れが多く乾燥した気候も想定される。洞窟の中央では骨片が集中して発見され、周辺には細石刃や剝片も多く確認された（**図38**）。当初、これらの動物遺体は同定ができなかったものの、その後、澤田純明《じゅんめい》氏らが新たな科学分析（焼骨片の組織形態のX線CT分析）をおこなったところ、ナウマンゾウなどの大型哺乳類ではなく、イノシシやニホンジカなどの中型の偶蹄類であることが確認された。

これらの骨片は六〇〇～七〇〇度の高温で焼かれ、細片となっていることから、炉があって、石器で動物を解体しながら食事をおこなっていたと想像される。このころ、つくられる細石刃は船野《ふなの》型細石刃核とよばれる小形の形態をしており、細石刃も短く小さいものが多い。

図38 ● 福井洞窟４層（旧石器時代終末期、１万6600年前）の遺物組成
尖頭器や細石刃製の槍に加え、掻器が多量に出土することから皮革製作をおこなっていたと考えられる。中型獣が推定される獣骨片が出土していることから、イノシシ・シカを捕食していたのであろう。

炭化材の樹種同定では、マツ属やヒノキ科の針葉樹にアサダやクリなどの落葉樹が混じりあう植生だったと考えられる（図39）。

約一万六〇〇〇〜一万五三〇〇年前（3層）

3層は、地表面がほぼ平坦で安定している（図35⑤）。炭素・窒素含有量の分析から有機物の含量が増加していることがわかり、腐植による暗色部の土壌化も多くみられる。4層につづいて安定化を裏づけている。

落石なども局所的で小規模であるため、これまでにくらべてより居住空間として安定していたと考えられる。このころの岩庇までの高さは、二、三メートルほどあったものと推

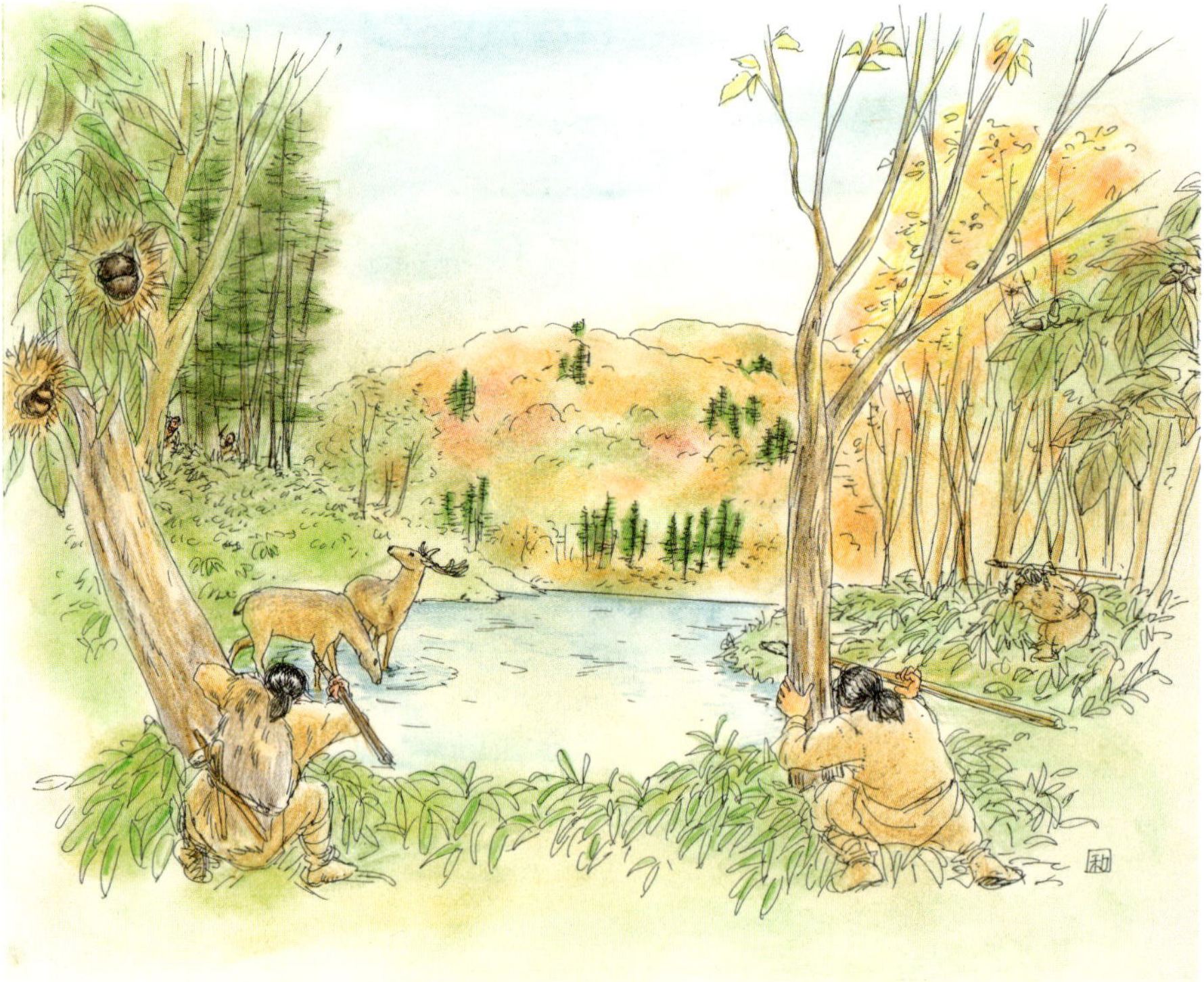

図39 ● 1万6600年前の福井洞窟周辺での狩り（画：早川和子）
クリなどの落葉樹が生育し、ササなどが繁茂していた。標高400ｍ近い高地に点在する水場などで狩りをしていたと考えられる。

定され、現在とほぼ同じような大きさの洞窟が推定される。３層は堆積物からさらに細分し、上からａｂｃと分類をしている。

３ｃ層では遺物組成（道具のセット）に変化が生まれる。これまでになかった土器が加わる。小破片資料であるが、隆起線文土器と無文土器がみつかっており、土器の出現を考えるうえで重要な発見といえる。

石材では安山岩でつくられた石器が六三パーセントと黒曜石をやや上まわり、福井川周辺などの比較的近いところで石材を確保し、くり返し利用している。３ｃ層には、４層と同じ形の定型化したエンドスクレイパー（搔器《そうき》）がある。こうした石器の定型化は、くり返し同じ道具を必要とする利用頻度の高さを物語っている。エンドスクレイパーは、通常、動物の皮なめしなどに用いられることが多く、衣服などの需要が増加していたことが想定される。植物ケイ酸体分析において、４層や3層は寒冷期の指標であるササ属（チマキザサ節・チシマザサ節）がみられることからも、寒冷化に適応する石器の組み合わせがみられると考えられる。

細石刃核は、４層と同様、比較的小形で分割素材を使用したものが下層でみつかり、上層には両面を加工した母岩から細石刃をつくりだす、西海技法（福井型）とよばれる形態の石器がみられる。骨片は、集中はしないが、一定範囲内に分布しているため、発掘地点から近いところに炉があったと考えられる。

炭化材の樹種同定では、４層と同じように落葉広葉樹を使用しており、これまでと同じような樹木が生育していたと推測される。

約一万四七〇〇年前（2層）

2層の地表面や堆積環境は、上層が削られてしまい断片的にしかわからないが、洞窟の外からの堆積物はほとんどなく、落石も一過性のものとみられる（図35⑥）。有機質の含有量がもっとも高く、土壌化が進んでおり、自然環境が変化していることを示している。

2層は遺物量が多く、人びとの活動がくり返しおこなわれていたと考えられる。爪形文土器とともに福井型細石刃核が確認されている。スクレイパーや大形の使用痕のある剝片も多くみられる。細石刃は、4層の細石刃と比較すると長めで、剝ぎとった後、折って分割して使用している（図40）。

図40●福井洞窟2・3層（縄文時代草創期、1万6000～1万4000年前）の遺物組成
細石刃石器群の量が格段に増える。過去の調査資料を加えると1万点は優に超える。また土器が加わり、削器や台石など4層とくらべて組成が豊かである。

石材は安山岩が三六パーセント、黒曜石が六四パーセントである。遺跡から直線距離で約一五キロにある松浦産黒曜石（腰岳系黒曜石）を多く利用している。近くの福井川でとれる安山岩よりも、やや距離のあるところの黒曜石を多く用いていることから、洞窟を拠点に活発に移動し、洞窟内では細石刃などの狩猟具の製作を多くしていた可能性がある。

２層でみつかった骨片には、イノシシの歯のほか、驚くことにサバの脊椎が確認された。山間にありながら、海とのつながりを示す希少な事例である。このほか細かな骨片が多く、石器による解体の時にできた傷も確認されている。骨片の集中した箇所には、刃こぼれある剥片や使用

図41 ● 1万6000～1万5000年前の福井洞窟での生活（画：早川和子）
土器の製作がはじまった。寒冷な環境で、動物の皮をなめして防寒具をつくり身にまとっていたと考えられる。周辺には落葉樹が繁茂していた。

痕のある剥片・細石刃が分布していることからも、炉が近くにあり、イノシシなどを解体し、食事をおこなったのち、骨が残された可能性もある（図41）。

また、土器の煮炊きした内容物として、土器にこびりついた炭を分析したところ、淡水性の魚類を煮炊きしていたことが確認された。狩猟活動で海の幸、山の幸の多様な資源を獲得していたことがわかった。

炭化材の樹種同定では、ヒサカキなどの常緑広葉樹がみられ、第3調査区の同じ層でアカガシ亜属も確認されていることから、これまでの寒冷期から温暖化にむかっている時期で、洞窟周辺の植生環境も大きく変化していたと考えられる。

約一万一〇〇〇年前（1層）

1層は、上層が削平されており、地表面の形状や堆積環境が明確ではない（図35⑥）。岩庇の下で部分的に暗色化した地層から安山岩を中心とする石器が多く出土している。

洞窟周辺でおこなった発掘調査では、洞窟の前面にある平坦部で、安山岩の石槍が多数出土している。その多くは剥離面が大きく、粗い調整であり、加工途中の未製品とみられる。これらの石器は、同じ地層から出土している刺突文土器から条痕文土器と同じ時期（縄文時代早期）と推定される。

洞窟周辺の石器はそのほとんどが安山岩を用いていることから、この時期は安山岩原産地を背景とする石槍などの石器づくりに関係した活動がみられる。暗色化した土壌は、北松浦半島では「チョコ層」と呼称される特徴的な地層で、完新世になり、温暖化することで土壌生成が進んでいく環境と関係していると考えられる。

このころの岩庇までの高さは二メートルほどと推定され、現在よりも入口の小さな洞窟だった。縄文時代早期以後は断片的な資料しかなく、洞窟は生活の場所とは異なる存在になったろう。

以上、福井洞窟の変遷と人びとの活動を復元してきた。なお現在、福井洞窟には福井稲荷神社が安置されている。福井洞窟は近隣にある直谷城跡の北東の方角（鬼門）に位置している。社殿からは文献資料や中世の擂鉢などがみつかっていることから、戦国時代、直谷城の鬼門封じのために建立されたと推察される。その後、明治、大正期に肥前鳥居や石塔が設置された。一九三五年（昭和一〇）に本殿を改築した際に洞窟内を削平している（図42）。

図42 ● 福井稲荷神社改築記念碑（1936〔昭和11年〕建立記念碑）
前年に地域の氏子により改築がおこなわれたことが記載されている。

3　旧石器文化から縄文文化へ

福井洞窟でわかったこと

今回の発掘調査の結果、地面から厚さ五・五メートルにわたる地層のなかで少なくとも八時期の文化層を確認した（図32参照）。

そのなかで、旧石器時代から縄文時代草創期の細石刃文化の包含層を重層的に七期確認した。また、野岳型→小石刃→船野型→福井型という異なる製作技法による細石刃文化の変遷をとらえた（図43）。これらは細石器文化期の四基の炉などの遺構が重層的にみつかったことで、地層の堆積順序にまちがいないことを裏づけた。

こうした福井洞窟の成果に加えて、縄文時代草創期の土器群が地層ごとにみつかっている泉福寺洞窟や草創期の終わりから早期の遺跡である岩下洞穴の知見と重ねることで、西北九州における旧石器文化から縄文文化へのきめ細かな移行期の様相を示すことができる。

土器の出現とその背景

土器出現期においても、旧石器文化からつづく細石刃石器（狩猟具）を継続的に利用していることは、西北九州の特徴である。これは、旧石器文化から縄文文化にかけて同じ狩猟形態を継続しつつ遊動生活から定住生活へと変化したことを示す。それは炉跡や石器製作跡などの遺構に土器製作の跡が加わること、遺物量が各段に増加することからも理解できる。

図 43 ● 福井洞窟における細石刃石器群の変遷
細石刃の製作技術が変化するとともに、つくり出される細石刃も短小、長大と変化していることがわかる。右上は、細石刃を埋め込んだ槍（複製品）。細石刃を組み合わせることで、ナイフ形石器よりも大きな槍をつくることができる。

さらに重要な点は、この土器の出現が完新世ではなく更新世の晩氷期である点だ。放射性炭素年代測定の結果、4層と3c層のあいだがおよそ一万六〇〇〇年前にあたり、もっとも古い土器といわれる青森県外ヶ浜《そとがはま》町の大平山元《おおだいやまもと》遺跡の無文土器が出現する時期とそう変わらないことがわかる。このことから、細石刃石器群に土器がともなう西北九州と、細石刃石器群でなく石斧や石槍などの石器群に土器がともなう東日本と、脈絡の異なる文化的背景のなかで、土器が日本列島の各地域で出現している可能性がでてきた。

西北九州において土器は、船野型・福井型細石刃がつくられた時期に、石器群を保有する集団のネットワークのなかで出現した可能性が高い。更新世から完新世といった地球規模での変動期の環境変化に適応するため、洞窟という特異な地形を短期的あるいは回帰的に利用する人類の姿がみえてきた。

遺物組成（道具のセット）の変化

旧石器時代の終わりから縄文時代のはじまりの時期を、福井洞窟周辺の遺跡とともに、遺物組成（道具のセット）の観点からみてみよう（**図44・45**）。

石器組成の変化　**図44**の左右真ん中あたりにある細石刃は、約一万九〇〇〇年前に出現し、押引文土器がつくられた時期（約一万三五〇〇年前）まで使われている。石鏃は、少なくとも約一万四〇〇〇年前の爪形文土器がつくられた時期に出現しており、その後の無文・条痕文土器がつくられた時期（約一万三〇〇〇年前）になると急増する。ここに、細石刃から石鏃への狩猟具の移行がみられる。石器の器種の変化は、狩猟方法が手槍や突き槍、投げ槍などから飛び道具の弓矢へと変化した可能性を示している。

一般に、投げ槍は草原の植生環境に適し、弓矢はジャングルのような森林環境に適した道具だと考えられている。対象動物も、槍は中型から大型動物、弓矢は小動物に対して効果的と考えられている。

つぎに、スクレイパーは、最寒冷期（オールデストドリアス期）に相当する福井4層・3層に掻器（**図44―No.15・19・20**）が発達し、続く寒冷期（ヤンガードリアス期）の岩下洞穴九・八層の時期では黒曜石製の小形の掻器（**図44―No.49〜51・56・57・61・62・67**）が卓越する。そして、完新世には削器（**図44―No.73・78・83**）が盛興する。

掻器は、先述のとおり皮なめしなどに用いられたと考えられ、寒冷期の衣服などの需要の増加と関係していたことが想定される。一方、削器は動物の解体加工などに用いられた道具である。完新世に掻器ではなく、削器が盛興することは、あたたかくなって衣服が変化し、解体加工具をよく使用する狩猟キャンプ的生活スタイルに変化した可能性もある。

なお、使用石材が、旧石器時代から縄文時代にかけて、安山岩から黒曜石に変化したことについては、福井洞窟から東方向の近くにある腰岳系黒曜石の原産地（**図2参照**）が新たに開発されたことや石材の流通ルートが変化したことも想定されるが、いまだ研究が必要な部分である。このような石器組成や形態の変化は、植物や動物の変化を通じて、環境変動に人びとが適応したことと関係しているのではないだろうか。

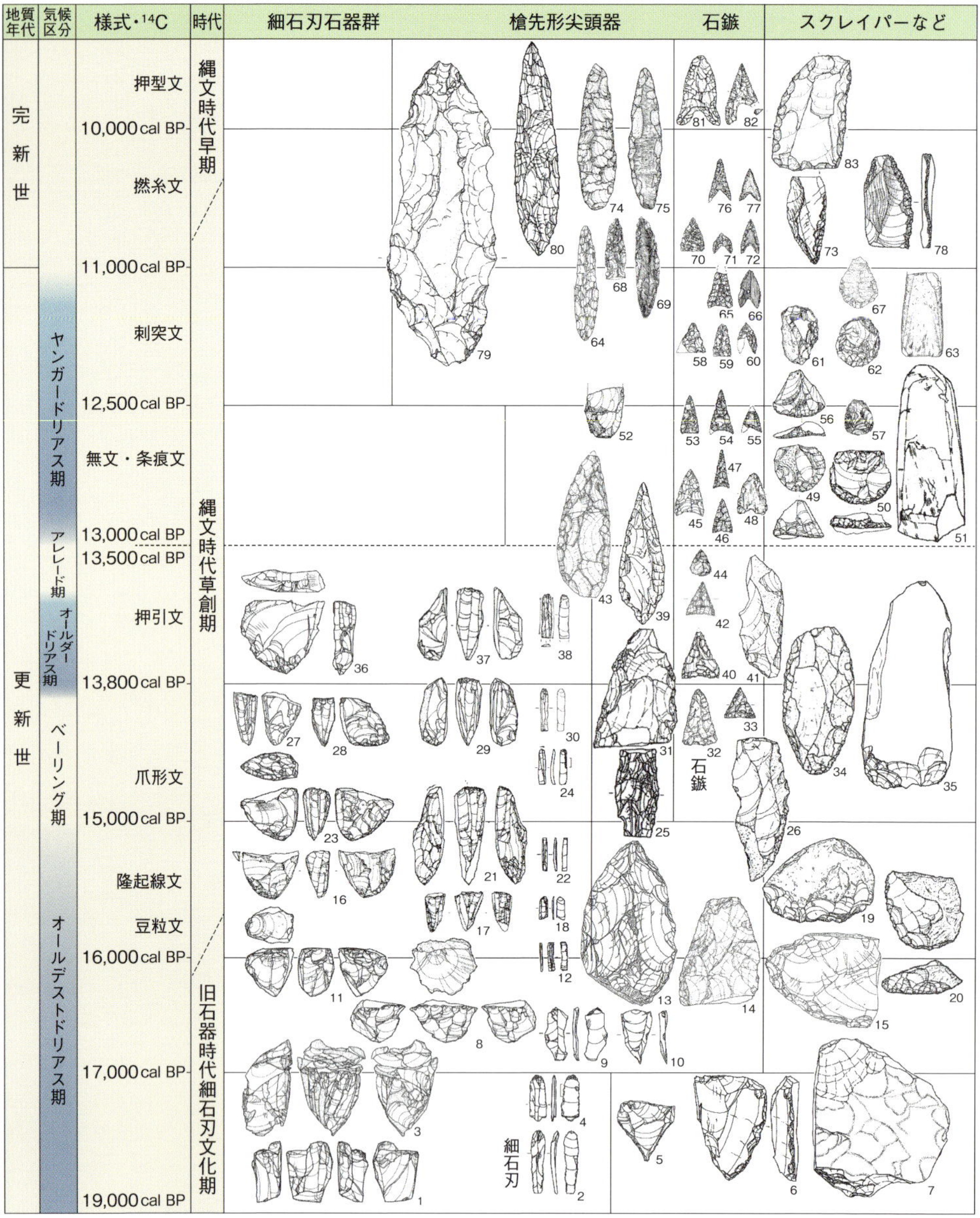

寒冷期

福井洞窟（1～13・15・18・19・22～24・27・28）、泉福寺洞窟（16・17・20・21・25・26・37～41・47・48・50・80～82）、直谷岩陰（14・29～35）、岩下洞穴（46・49・52・54～56・74～78）、元岡 58 次（64～67）、大原 D 遺跡 14 区（45・51・53・57）・15-3 区（58～63）、松木田遺跡（68～73）、福井洞窟前庭部（79・83）、茶園遺跡（42・43）、小ヶ倉 A 遺跡（36）、伊古遺跡（44）

図 44 ● 西北九州における更新世末期から完新世初頭の石器群の変化

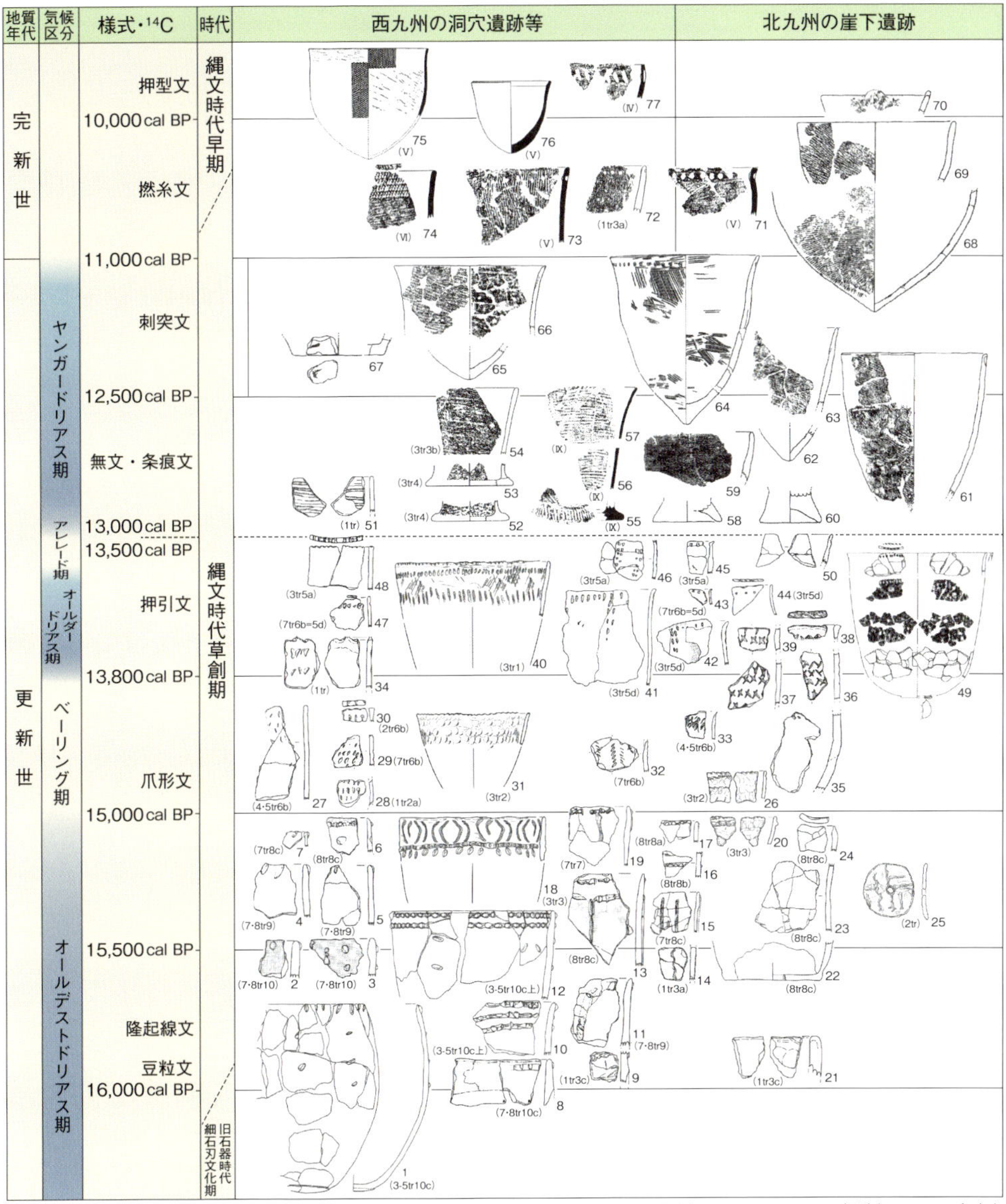

寒冷期　泉福寺洞窟（豆粒文 1～7、隆起線文 8・10～13・15～17・19、無文 22～24、爪形文 27・29・30・32・33、押引文 41～48、条痕文 55～57、刺突文 72）、福井洞窟（隆起線文 9・14・18・20、無文 21、有孔円盤形土製品 25、爪形文 26・28・31・34、押引文 40、条痕文 51）、直谷岩陰（爪形文 35～39）、小ヶ倉 A 遺跡（49）、伊古遺跡（50）、岩下洞穴（条痕文 52～54、条痕刺突文 73、刺突文 71・77、政所式 74、押型文 75・76）、大原 D 遺跡 14 区（Ⅱ層条痕文 58～60）15-3 区（刺突文 64、無文 67）、元岡第 58 次（Ⅳ層条痕刺突文 61、条痕文 65・66、Ⅲ③～Ⅳ層撚糸文 62・63）、松木田遺跡（68～70）

図 45 ● 西北九州における更新世末期から完新世初頭の土器群の変化

洞窟遺跡の利用と土器出現の背景　ここで、遺跡の分布や増減についてみてみよう。西北九州では他地域とは異なり、縄文時代草創期にむけての寒冷期にも遺跡数がそれほど減少せず残存する傾向にある。これは旧石器時代からつづく狩猟採集活動が寒冷期の動植物相に対応していたことを示していると考えられる。この生活スタイルを選んだことで、寒冷期においても集団の生存率が高くなったのだろう。そのことが細石刃を主体とする狩猟具の残存年数の長さや洞窟の継続的利用としてあらわれたといえる。

　そして、細石刃という同じ石器技術の狩猟具に、煮炊き具としての土器が加わることは、同じ人びと（集団）によって技術革新が生じたと考えることができる。

　福井洞窟で発見された最古の土器は、熊本大学小畑《おばた》弘己《ひろき》氏の圧痕分析（**図46**）によると、植物繊維が含まれていることがわかり、断面形状からシダ植物と考えられる。こうした土器製作技術が器形や文様とともに受け継がれていったのだろう。

　このように、寒冷期から温暖期を生きた人びとは、その環境変動に対し、狩猟方法を投げ槍から弓矢などの飛び道具に転換

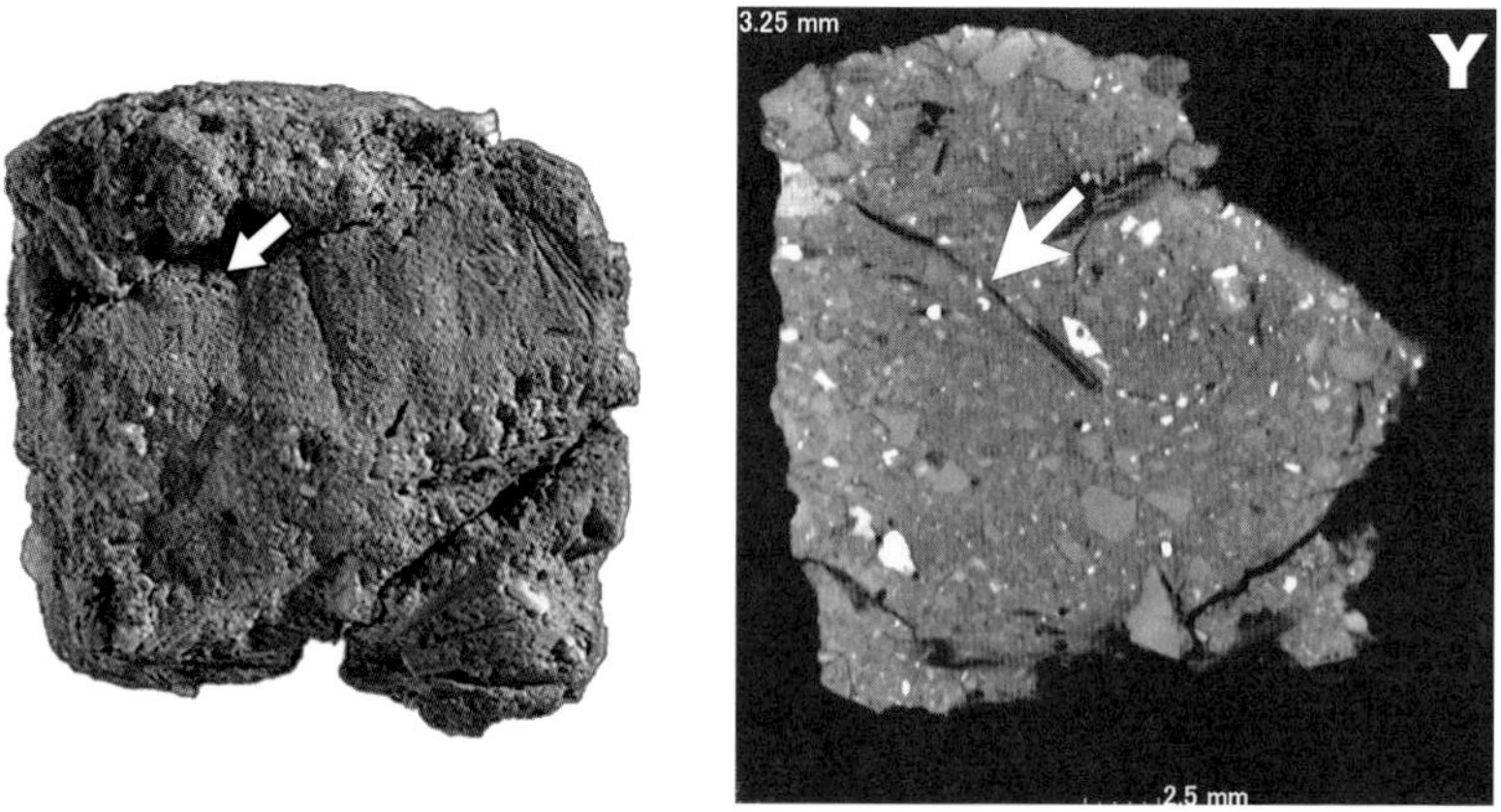

図46 ● 出土土器から植物を発見
3c層で出土したいびつな隆起線文土器をCTにかけたところ植物繊維が含まれていることがわかり（矢印）、同定の結果、シダ植物と判明した。

するのではなく、徐々に狩猟具を増やし狩猟方法の幅を広げ、さらに土器という新たな道具を加えることで環境変動への適応能力を広げていったと考えられる。

4　洞窟での暮らしを解き明かす

洞窟での暮らしは、どのように理解できるのだろうか。ここでは12層で出土した炉跡や石器の出土状態から、洞窟で暮らした人びとの姿をさぐってみよう。

12層は四〇点近い石器の接合資料がみられることや、上下に落石などの間層をはさむこと、さらに遺物が炉跡の周囲でまとまっていることから、洞窟内を利用した人びとのある一時期の痕跡が良好な状態でパックされ保存されているものと考えられる。

石器の分布

図47は12層の平面図である。洞窟の中心部に炉があり（**図47A**）、炉のまわりから奥壁側には細石刃と細石刃核が集中する（**図47B**）。ここでは母岩二個分の接合資料二個体がみつかり、幅五〇センチの範囲内に石器が集中していることから、石器を製作していたことがわかる。
その工程を検討すると、丸い黒曜石原石の先端部に調整を加え、母岩の横や裏側を剝ぎ落としたのち、平坦となった角ばった打面にシカの角などの道具を押しあてて、細石刃をつくり出していることがわかり、さらに残核を廃棄した過程まで確認することができる。

また、母岩二個分の石器が集中する分布域が洞窟奥壁から中心部にかけての四メートルの範囲にあることから、石器の製作は洞窟の中心部の乾燥した場所で炉や洞窟の開口部をむいておこなっていたと考えられる。

一方、炉の周辺から洞窟の前庭部にかけては、スクレイパーや台石、礫器、使用痕のある剥片などの多様な器種が分布している（図47D）。

細石刃の使用痕

細石刃の使用痕を顕微鏡で調べると、細石刃を製作している石器集中部（図47B）では、相対的に使用痕のあるものは少なく、一部に石器の端がギザギザした微細な剥離痕を有するものが分布する。

炉の周辺（図47A）では、使用痕が残るものが多く分布する。さらに細かく炉の周辺をみると、炉の北側と南側の二カ所に集中している。北側では細石刃や使用痕のある剥片、南側では顕著な刃こぼれや線状痕、鋭さを欠いた摩耗痕がある細石刃が認められる。炉周辺（図47A・B）に分布する細石刃は連続する微細な剥離と線状の痕跡がみられる。

つまり、炉の奥側で母岩から細石刃の生産までをおこない、炉周辺ではおそらく動物を解体したり槍の一部を付け替えたりし、その後に廃棄していたことがわかる。石器の集中部には、一般に木や骨などの加工する際に使われる彫器も分布しており、ここでは細石刃の素材生産から道具の加工までおこなわれていたと考えられる。

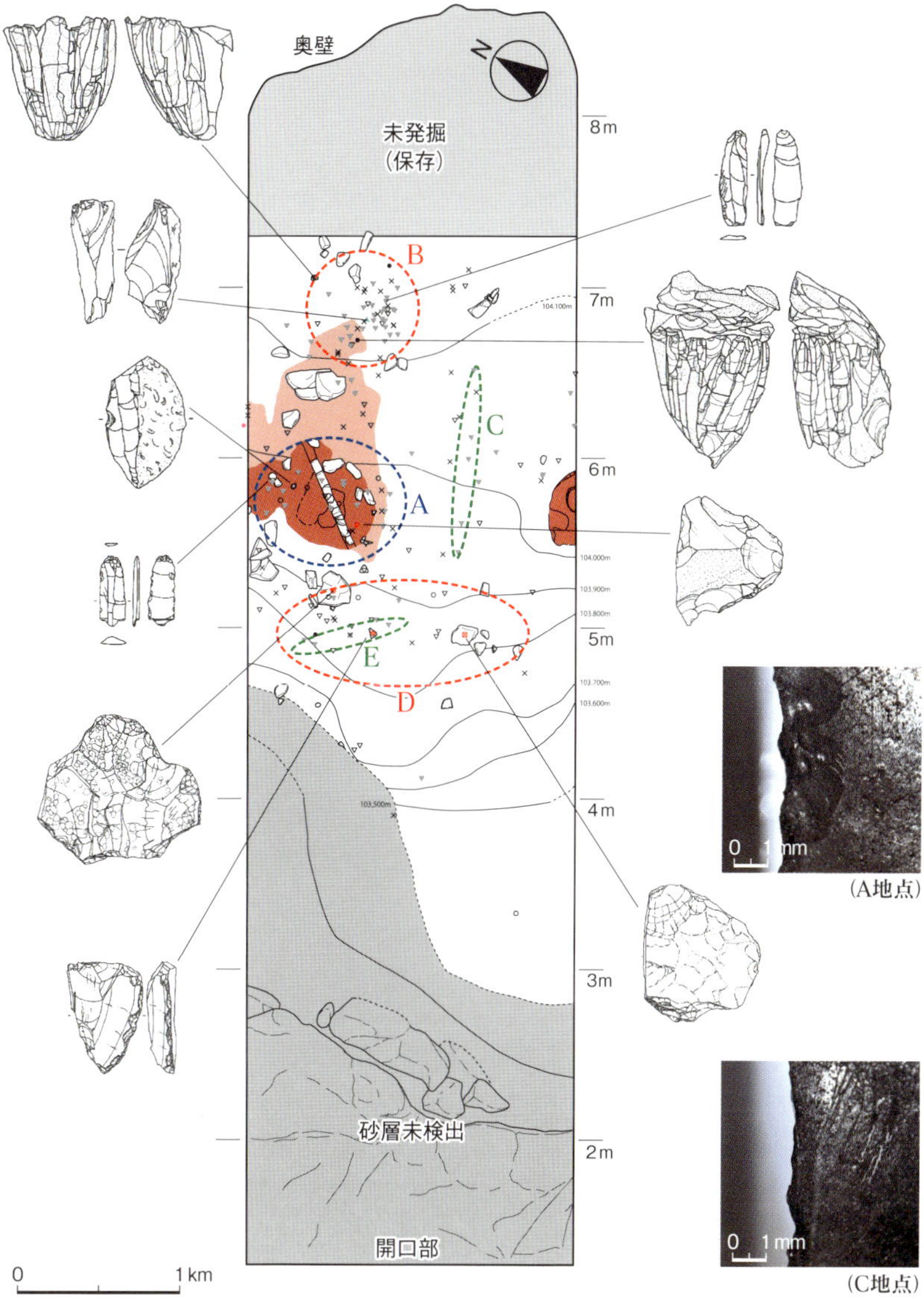

図47 ● 12層における遺物と使用痕のある石器の分布
12層では洞窟の中心部で炉や石器製作跡がみつかった。より上層の炉跡出土位置ともほぼ重複しており、ここが洞窟利用の中心部と考えられる。遺物分布に器種のちがいや使用痕のある石器の分布状態を重ねることで洞窟利用の一端がみえてくる。

一方で、炉からやや離れた場所（図47C）では、細石刃などは一定間隔で分布しており、長軸方向に線状痕がみられる細石刃がある。つまり、A・Bは、炉と共同して利用する調理・解体にともなう細石刃の可能性があり、Cは、道具に装着した細石刃の可能性がある。

また、炉跡より前方（図47D）に分布する、青灰色を呈する針尾《はりお》系黒曜石製の細石刃には使用痕はみられないが、南側にならぶ細石刃のなかに刃部と並行する線状痕をもつものがあることから、槍などの道具が置かれていた可能性が推察される。

針尾系黒曜石の細石刃は母岩となる石核や製作した際にできる砕片が少ないため、道具として持ち込まれた可能性が高い。

石材からみえてくる活動

石材と器種の関係をみると、近傍で集めることができる安山岩はその多くがスクレイパー類に用いられ、動物解体加工や皮革加工作業に適していたと考えられる。

一方、12層における石材は黒曜石が九割を超えており、福井洞窟から北西一五キロ圏内の松浦産黒曜石（腰岳系黒曜石）、南東二五キロ圏内の針尾産黒曜石が利用されている（図2参照）。

それらの産地へは一日〜数日かかり、福井洞窟に暮らした人びとの移動性の高さを示している。石器製作は昼間の明るさやあたたかさが必要であることから、行動期間も一シーズンは狩猟拠点地として利用していたものと考えられ、周辺の台地上に分布する窪地のため池近くをキャンプ地などとして利用していたものと考えられる。たとえば、福井洞窟から北北西に三キロ程度の小規模な辻田池《つじたいけ》遺跡からは、一から二個体の細石刃核と一〇点に満たない細石刃が出土しており、キャンプ地として利用されたことが考えられる。

再調査の成果と史跡保存

今回の福井洞窟の再調査では、半世紀前には無遺物層とされた12層で炉跡や石器製作跡が、13層で石敷や炉跡がみつかった。それらを保存しつつ岩盤まで発掘調査し、当初の目的であった洞窟の成り立ちや古環境、そのなかでの人びとの行動を解明した。

調査の結果、課題も残った。学会から注目された15層石器群の位置づけには調査後にいくつかの意見が出ており、見解が定まっていない。しかし、史跡は残っている。今回の再調査の背景には、半世紀前の諸先学の先見性とその努力、半世紀間保護しつづけた管理者や地域住民、そして研究を進展させた研究者の努力の積み重ねがある。

今後、福井洞窟が将来にわたって保存されていき、考古学の進展と新たな調査方法の開発によって洞窟での人びとの暮らしがより豊かによみがえることを願っている。

第5章　保存と活用の展望

史跡整備と福井洞窟ミュージアム

洞窟は平地の遺跡とくらべて岩体や地形による臨場感があって、生活風景を想像しやすい環境が整っている。一方、遺構・遺物は地中に眠っているので史跡を理解するにはさまざまな工夫が必要であり、その整備は簡単ではない。

二〇一九年に福井洞窟の史跡整備工事が完了し、二〇二一年四月二八日に現地より四キロ離れた福井川と佐々川の合流地点である吉井地区の中心地に福井洞窟ミュージアムが開館した。

現地の史跡整備では、まず一九六〇年の洞窟発見時の原風景に近い状態にするため植生を整備し岩陰地形を前面に出すことで、史跡そのもののもつ存在感をあらわすことができた（**図48上**）。福井洞窟ミュージアムでは、発掘調査中の洞窟の内部に入った感動を疑似体感でき（**図48下**）、二〇一九年に重要文化財指定を受けた福井洞窟出土品（**図49**）を適切に保存している。

今後、福井洞窟と福井洞窟ミュージアムを結んで、福井川にそって周辺遺跡や地形をめぐるフ

図 48 ● **史跡整備後の福井洞窟（上）と福井洞窟ミュージアムの展示（下）**
上：樹木の剪定により洞窟岩体が前面に出るようにし、見学通路や案内板、休憩・トイレ施設を整備した。
下：シンボル展示では、再発掘調査の状況を、三次元写真や剝ぎとり地層、旧石器時代の景観の復元イラストなどを用いて原寸大で再現した。

図49 ● 国指定重要文化財となった福井洞窟出土品
旧石器時代の指定品としては全国で11例目。旧石器時代から縄文時代の移行期の石器群の変遷を示し、また縄文土器の出現期の様相も知ることのできる資料として、学術的価値の高さから指定された。

ィールドミュージアムをまじえて、発掘（展示施設）と原風景（現地）の両輪により福井洞窟の価値を体感できると思っている。

「洞窟遺跡日本一のまち　佐世保」をめざして

佐世保市は、これまでも一貫して質・量ともに「洞窟遺跡日本一のまちづくり」をめざしてきた。市域を貫流する二つの流域にそって三六カ所もの洞窟遺跡が存在し、それらは旧石器時代から近世に至るまで通史的に点在している。

相浦川中流域の左岸に位置する泉福寺洞窟は、一九七〇年から一〇次にわたる調査が実施され（**図50**）、旧石器時代から古墳時代にいたる遺物が堆積する一二層の包含層が明らかとなった。泉福寺洞窟は遺物の出土状態が層位的にとらえられる洞窟遺跡の好例である。とくに縄文時代草創期の変遷のあり方が、「豆粒文土器」をはじめとする出現期の土器とその型式学的変化でたどることが

図50 ● **泉福寺洞窟の発掘調査の様子**
写真左から右にかけて第１洞から第４洞がある。洞窟の前面には湧き水があり、立地環境のよい大規模な洞窟遺跡。

できることに加えて、細石刃を中心とした多量の石器類の組み合わせからも道具の組成が復元できるなど、高い学術的価値をもち、土器と石器が国の重要文化財に指定されている。

相浦川の中流域で、泉福寺洞窟の対岸山中にある岩下洞穴では、縄文時代早期と前期の人骨が約三〇体ほど確認され、墓域としての洞窟の利用が明らかとなった（図51）。また相浦川の下流域、当時の河口に近い下本山《しももとやま》岩陰では、縄文時代前期のイノシシなどの哺乳類、鳥類、魚骨などの骨角器類が出土し、弥生時代の埋葬人骨が二体、箱式石棺墓で発見され、弥生時代には墓域としての岩陰利用が明らかとなった（図52）。このほかにも相浦川や佐々川の流域にそって遺跡が濃密にあり、縄文人骨や弥生人骨も多数みつかっているため、流域にそって、時代の移り変わりとともに人類の形質的変化を知ることができるという地域的特色を有している。

図51 ● 岩下洞穴（縄文時代早期）
1964年から発掘調査がおこなわれた。遺構・遺物の分布図作成により、限られた空間内で人びとの行動をさぐる原位置論が実践された。

図 53 ● **海蝕洞窟牽牛崎洞穴**
中世の土師器や輸入陶磁器片が出土している。

図 52 ● **下本山岩陰で発見された弥生人骨**
上腕骨が発達していて、海洋での活動をしていたと考えられる。

図 54 ● **龍神洞穴（福石山）**
古代の炉跡や岩礁性の貝類が土器などとともに確認されている。また、洞窟内の石仏は「福石山の羅漢窟」として、江戸時代には「平戸八景」（国指定名勝）に選ばれた。

このように弥生時代以降、洞窟は墓域や祭祀場としての利用が高まり、古代・中世には、生活の仮の宿や漁労活動の作業場として利用された（図53）。つづく近世では、平戸往還ぞいに洞窟地形の奇岩地形などが「平戸八景」（国指定名勝）と称される名勝地となるなど、名所や信仰の対象地となっている（図54）。近現代では、防空壕などの戦跡となった人工洞窟もある。

以上のように、洞窟遺跡を通じて、歴史を語れるまちはほかにない。

また、第三紀層砂岩の基盤としてできる洞窟地形が、川や海による侵食のほか、風化などさまざまな作用によって形成されるなど、その成り立ちも注目される。

福井洞窟を守り活かす

こうした学術的成果をもとに、佐世保市では福井洞窟の価値を整理し、保存活用するための基本理念・方針を定めた福井洞窟保存活用計画を二〇二四年三月に策定した。その基本理念は「福井洞窟四次元空間デザインプロジェクト」である。時空間を超えて、現代に生きる私たちが福井洞窟とかかわり、福井洞窟を中心とする地域に人工的な環境を創生し、自然と共生することで、新たなかかわりを増やしつづける壮大なグランドデザインである。この理念をもとにフィールドミュージアムや児童らの歴史学習である「福井洞窟学」の実践を模索している。

現在、福井洞窟周辺の学校では、市の出前授業「福井洞窟」を活用し、地域学習をおこなっている。教科書にはない旧石器時代の歴史について、火おこしや弓矢体験などをとおして、また現地を散策し、自分たちで資料や歴史年表を作成して、地域への関心を高めている。

図 55 ● 福井洞窟ミュージアムでの企画展「東南アジアの洞窟遺跡」
東南アジア考古学会と連携した企画展。全国 10 会場を巡回することで、広く福井洞窟の周知を図る。

図 56 ● 佐世保の洞窟遺跡めぐりツアー
学会と共催した冬期のツアー。市では市域全体の見学会を、地元NPOでは吉井地区の見学会を毎年開催して、フィールドミュージアムを実践している。

また、福井洞窟のある吉井地区では、「吉井地区文化財保存連絡会」が新たに創設された。地域の年中行事や民俗芸能をおこなう保存会と、洞窟や城跡、石橋群などの清掃管理活動をおこなう保存会が一体となったものだ。連絡会となったことで、各保存会の活動状況や類似する課題について情報の共有化が図られるなど、地元に根ざした地道な活動がおこなわれている。さらに、ＮＰＯ団体「吉井エコツーリズム」による「歴史の福井谷ツアー」など周辺文化財と一体化した見学会が十数年継続して開催されている。一人ひとりの小さな歩み寄りが大きなうねりとなっていることを肌で感じている（図57）。

「特別史跡」福井洞窟

二〇二四年六月二四日、国の文化審議会において、福井洞窟を国の「特別史跡」に指定するように文部科学大臣へ答申がなされた。その学術的価値は「日本列島における後期旧石器時代から縄文時代への移行を連続的に示す洞窟遺跡」とされた。具体的には、「後期旧石器時代から縄文時代草創期にかけての石器群の変遷と土器の出現過程が初めて明らかにされた遺跡であるとともに、環境変動と連動した遺跡の形成過程が明らかにされた遺跡として極めて重要」ということである。全国で六四件ある特別史跡のうち、旧石器時代までさかのぼる特別史跡は国内ではじめてである。

特別史跡とは、文化財保護法に基づく指定区分である。遺跡のうち重要なものは「史跡」として指定され、とくに「学術上の価値が特に高く、我が国文化の象徴たるもの」が「特別史

図 57 ● 福井洞窟の保護と活用
上：地域住民（福井洞窟保存会）の活動。草刈りや清掃など遺跡の保護を支えてくれている。下：NPO 吉井エコツーリズムの会による福井谷ツアーが毎年実施されている。

跡」に指定される。古文書や仏像、建造物などの有形文化財の場合、重要なものは「重要文化財」に指定され、そのうち「類ない国民の宝たるもの」が「国宝」に指定されるが、特別史跡は、いわば遺跡の「国宝」ともいえる（図58）。

福井洞窟の特別史跡指定答申は、二〇〇五年の新市まちづくり計画から約二〇年のとり組みが結実した瞬間でもある。行政や研究機関といった組織だけでなく、地域住民の一人ひとりの努力が一体となってとり組んできた軌跡の先になしえたものである。

しかし、これもゴールではなく、また一つの節目である。過去から引き継いだ文化財を保存・継承することは、現代を生きるわたしたちに課せられた責務だと考えている。今回の整備・発掘事業は半世紀ぶりの記念的発掘調査となった。この再調査は、これからの半世紀後どのような評価を受けるだろうか。史跡は守り活かしてこそ意義がある。半世紀後、百年後、未来においても、児童生徒、考古学者が探究する史跡福井洞窟をめざしていきたい。

図58 ● 史跡整備後の福井洞窟（2020年）

参考文献

麻生優　一九六五「細石刃文化」杉原荘介編『日本の考古学Ⅰ　先土器時代』河出書房
麻生優　一九八四『泉福寺洞穴の発掘記録』佐世保市教育委員会
織笠昭　一九九一「西海技法の研究」『東海大学紀要　文学部』五四
加藤真二　二〇一三「華北地域における角錐状細石核石器群」『シンポジウム　日本列島における細石刃石器群の起源』八ヶ岳旧石器研究グループ
鎌木義昌・芹沢長介　一九六五「長崎県福井岩陰―第一次発掘調査の概要―」『考古学集刊』三―一
鎌木義昌・芹沢長介　一九六七「長崎県福井洞穴」日本考古学協会洞穴遺跡調査特別委員会編『日本の洞穴遺跡』平凡社
鹿又喜隆編　二〇一五『九州地方における洞穴遺跡の研究―長崎県福井洞穴第三次発掘調査報告書―』Bulletin of the Tohoku University Museum No.14
工藤雄一郎　二〇一二『旧石器・縄文時代の環境文化史―高精度放射性炭素年代測定と考古学―』新泉社
小林達雄　一九七〇「日本列島に於ける細石刃インダストリー」『物質文化』一六　物質文化研究会
澤田純明　二〇二〇「SPring-8のX線CTを利用した福井洞窟出土旧石器時代焼骨片の種同定」第七四回日本人類学会大会
下川達彌・萩原博文　一九八三「西北九州における旧石器時代石器群の編年（上・下）」『古代文化』三五―六・九　古代学協会
芝康次郎　二〇一一『九州における細石刃石器群の研究』六一書房
白石浩之　二〇一四「日本における洞穴遺跡の研究―縄文時代草創期を中心にして―」『愛知学院大学文学部紀要』四四
芹沢長介　一九八二『日本旧石器時代』岩波新書
芹沢長介　一九七四「旧石器時代　学史展望」『月刊考古学ジャーナル』一〇〇　ニュー・サイエンス社
富岡直人・徳澤啓一・柳田裕三　二〇二三『長崎県佐世保市　福井洞窟資料図譜―岡山理科大学博物館学芸員課程所蔵コレクション―』第一冊（岡山理科大学博物館学芸員課程・長崎県佐世保市教育委員会編）雄山閣
林謙作　一九七〇「福井洞穴における細石刃技術とその東北・北アメリカにおける位置づけ（上・下）」『考古学研究』一六―四・一七―二　考古学研究会
橋本勝雄　一九八三「長崎県福井洞穴における細石刃生産技術」『考古学論叢Ⅰ』寧楽社
文化庁文化財部記念物課　二〇一〇『発掘調査のてびき―集落遺跡発掘編―』
萩原博文　二〇二〇「西北九州と大隅半島北部の晩氷期堆積土と遺物―気候変動とスクレーパー類―」『日本考古学』五〇　日本考古学協会
萩原博文・柳田裕三　二〇二〇「南北九州の細石刃石器群と気候変動」『遺跡学研究の地平―吉留秀敏氏追悼論文集―』吉留秀敏氏追悼論文集刊行会

萩原博文・柳田裕三　二〇二〇「九州における細石刃石器群の出現」『九州旧石器』二四　九州旧石器文化研究会
柳田裕三　二〇一三「長崎県福井洞窟における細石刃石器群の層位的検出」『シンポジウム　日本列島における細石刃石器群の起源』八ヶ岳旧石器研究グループ
柳田裕三　二〇一六「福井洞窟の再調査から見えるもの」『九州旧石器』二〇　九州旧石器文化研究会
柳田裕三　二〇一七「史跡福井洞窟の再発掘調査とその意義」『月刊文化財』六四六　第一法規
柳田裕三　二〇一七「史跡福井洞窟の発掘調査」『日本考古学協会発表要旨』日本考古学協会
柳田裕三　二〇一八「西北九州の洞穴遺跡からみた更新世から完新世移行期の素描」『九州旧石器』二二　九州旧石器文化研究会
柳田裕三　二〇一九「西北九州の洞穴遺跡からみた土器出現期の諸相」白石浩之編『旧石器時代文化から縄文時代文化の潮流―研究の視点―』六一書房
綿貫俊一　二〇一六「福井洞穴遺跡第1トレンチ第4層出土の細石刃文化資料」『倉敷考古館研究集報』二二　倉敷考古館
米田穣・大森貴之・工藤雄一郎・柳田裕三　二〇一七「長崎県佐世保市福井洞窟における土器出現年代の評価」『日本第四紀学会講演要旨集』四七　第四紀学会
佐世保市教育委員会　二〇〇六「佐世保の洞穴遺跡」
佐世保市教育委員会　二〇〇八「市内遺跡発掘調査―福井洞窟・直谷稲荷神社岩陰遺跡―」
佐世保市教育委員会　二〇〇九「市内遺跡発掘調査―福井洞窟・直谷稲荷神社岩陰遺跡・福井窯跡―」
佐世保市教育委員会　二〇一〇「佐世保の洞窟遺跡Ⅱ」
佐世保市教育委員会　二〇一三「史跡福井洞窟発掘調査速報」
佐世保市教育委員会　二〇一六「史跡福井洞窟発掘調査報告書」
佐世保市教育委員会　二〇二一「史跡福井洞窟整備報告書」
佐世保市教育委員会　二〇二一「佐世保の洞窟遺跡Ⅲ―大古川岩陰遺跡―」
佐世保市教育委員会　二〇二三『旧石器から縄文のかけ橋！福井洞窟―洞窟を利用しつづけた大昔の人々―』雄山閣
佐世保市教育委員会　二〇二四『史跡福井洞窟保存活用計画』
福井洞窟ミュージアム　二〇二三『福井洞窟ミュージアム常設展示図録』
福井洞窟ミュージアム・倉敷考古館編　二〇二三『洞窟と考古学者―遺跡調査の足跡と成果―』雄山閣
福井洞窟ミュージアム・東南アジア考古学会編　二〇二四『東南アジアの洞窟遺跡』雄山閣

史跡　福井洞窟

・佐世保市吉井町福井１１０９－１
・交通　車：西九州自動車道佐々ICより約25分。バス：JR佐世保駅から西肥バス「松浦駅前（福井）・御厨駅前（松浦）」行き60分「下福井」バス停下車、徒歩５分。福井洞窟ミュージアムからレンタサイクル（電動付き自転車）で約15分。

二〇一八年に史跡整備がおこなわれ、発見当初の景観が再現されている。福井洞窟本体以外にも二カ所の岩陰をみることができる。休憩所に遺跡の解説パネルがあり、ＷＥＢガイドへアクセスができる。

現在の福井洞窟

福井洞窟ミュージアム

・佐世保市吉井町立石４７３
・電話　０９５６（64）３８３０
・開館時間　９：00～17：00（入館は16：30まで）
・休館日　月曜、年末年始
・入館料　無料
・交通　車：西九州自動車道佐々ICより約15分。バス：JR佐世保駅から西肥バス「平戸桟橋」行き半急で45分「吉井」バス停下車、徒歩５分。鉄道：JR佐世保駅から松浦鉄道「平戸・伊万里」方面で55分「吉井駅」下車、徒歩10分。

福井洞窟の重層的な堆積を、剝ぎとり地層と原寸大ジオラマ、旧石器時代の炉跡・石器製作址の復元から体感できる。また当時の人類が洞窟のなかからみたであろう風景映像などで更新世から完新世への環境変動を学ぶことができる。重要文化財となっている石器・土器などは層位順に展示してある。体験室や情報コーナーでは旧石器時代や縄文時代の技術を体験できるようになっている。福井洞窟までのレンタサイクルも利用できる。

福井洞窟ミュージアム

遺跡には感動がある

――シリーズ「遺跡を学ぶ」刊行にあたって――


「遺跡には感動がある」。これが本企画のキーワードです。

　あらためていうまでもなく、専門の研究者にとっては遺跡の発掘こそ考古学の基礎をなす基本的な手段です。また、はじめて考古学を学ぶ若い学生や一般の人びとにとって「遺跡は教室」です。

　日本考古学では、もうかなり長期間にわたって、発掘・発見ブームが続いています。そして、毎年厖大な数の発掘調査報告書が、主として開発のための事前発掘を担当する埋蔵文化財行政機関や地方自治体などによって刊行されています。そこには専門研究者でさえ完全には把握できないほどの情報や記録が満ちあふれています。しかし、その遺跡の発掘によってどんな学問的成果が得られたのか、その遺跡やそこから出た文化財が古い時代の歴史を知るためにいかなる意義をもつのかなどといった点を、莫大な記述・記録の中から読みとることははなはだ困難です。ましてや、考古学に関心をもつ一般の社会人にとっては、刊行部数が少なく、数があっても高価なその報告書を手にすることすら、ほとんど困難といってよい状況です。

　いま日本考古学は過多ともいえる資料と情報量の中で、考古学とはどんな学問か、また遺跡の発掘から何を求め、何を明らかにすべきかといった「哲学」と「指針」が必要な時期にいたっていると認識します。

　本企画は「遺跡には感動がある」をキーワードとして、発掘の原点から考古学の本質を問い続ける試みとして、日本考古学が存続する限り、永く継続すべき企画と決意しています。いまや、考古学にすべての人びとの感動を引きつけることが、日本考古学の存立基盤を固めるために、欠かせない努力目標の一つです。必ずや研究者のみならず、多くの市民の共感をいただけるものと信じて疑いません。

二〇〇四年一月

戸沢充則

著者紹介

柳田裕三（やなぎた・ゆうぞう）

1979年、宮崎県生まれ。

別府大学文学部文化財学科卒業。

宮崎県教育委員会埋蔵文化財センター任期付職員をへて、現在、佐世保市教育委員会文化財課主査。文化財専門職員。

これまでに山田遺跡、筆無遺跡、堀川運河など宮崎県の発掘調査や、福井洞窟、直谷岩陰、大古川岩陰など佐世保市内の洞窟遺跡の調査・整備に従事。

主な著作・論文　『史跡福井洞窟発掘調査報告書』（編著、佐世保市教育委員会、2016）、『旧石器から縄文のかけ橋！福井洞窟—洞窟を利用しつづけた大昔の人々—』（編著、雄山閣、2022）、「西北九州の洞穴遺跡からみた更新世から完新世移行期の素描」『九州旧石器』21（九州旧石器文化研究会、2018）ほか。

写真提供（所蔵）
佐世保市教育委員会：図1・3・4・5（個人蔵）・7・8下・15～17・18上と右下・18左下（水ノ江和同氏提供）・19・20左・21～28・29（鵜沢和宏氏提供）・36・38・40・42・43・46（小畑弘己氏提供）・48～58／岡山理科大学博物館学芸員課程：図6・10／大塚和義氏：図8上・11・12／東北大学大学院文学研究科：図14

図版出典（一部改変・加筆）
図2・20右・30・31・32・35・47：佐世保市教育委員会 2016／図9・13：鎌木義昌・芹沢長介 1967／図33・34：福井洞窟ミュージアム 2023／図37・39・41：早川和子氏画／図44・45：柳田 2018

上記以外は著者

シリーズ「遺跡を学ぶ」169
旧石器文化から縄文文化へ　福井洞窟《ふくいどうくつ》

2024年 10月 15日　第1版第1刷発行

著　者＝柳田裕三
発　行＝新 泉 社
東京都文京区湯島1－2－5　聖堂前ビル
TEL 03（5296）9620／FAX 03（5296）9621
印刷・製本／三秀舎

ISBN978－4－7877－2339－0　C1021

シリーズ「遺跡を学ぶ」

09
氷河期を生き抜いた狩人　矢出川遺跡〔改訂版〕
堤　隆　1700円＋税

日本列島で最初に細石刃が発見された長野県八ヶ岳野辺山高原の矢出川遺跡。一万数千年前の後期旧石器が大量にみつかった。冬には零下二〇度にもなる氷河期末の高原に、狩人たちは何を求めてやってきたのか。

37
縄文文化の起源をさぐる　小瀬ヶ沢・室谷洞窟
小熊博史　1500円＋税

縄文文化の起源を見極めたい——越後長岡の考古学者・中村孝三郎は、最古の遺物を追い求め、ついに新潟県・阿賀野川流域の山あいの洞窟遺跡にたどり着く。多くの苦難を乗り越えた探求の軌跡と、縄文時代草創期の文化を物語る洞窟遺跡の全貌を明らかにする。

70
縄紋文化のはじまり　上黒岩岩陰遺跡
小林謙一　1500円＋税

縄紋時代がはじまったころ、人びとはどんな文化をつくりあげていたのか。四国は愛媛県の山中、渓谷にそびえ立つ岩塊の岩陰にのこされた生活の痕跡——土器、石器、女性像を線刻した石偶、埋葬人骨などが、わたしたちに縄紋時代草創期・早期の世界を伝えてくれる。

78
信州の縄文早期の世界　栃原岩陰遺跡
藤森英二　1500円＋税

長野県の東端、北相木村の山間を流れる川の岩陰で、いまから一万年以上前、縄文早期はじめに縄文人が生活していた跡がみつかった。彼らが使用した土器・石器、精巧な縫い針・釣針、海で採れた貝の装飾品、保存状態の良い人骨などから当時の暮らしぶりを再現する。

100
「旧石器時代」の発見　岩宿遺跡
小菅将夫　1500円＋税

戦後まもなく、相沢忠洋が赤城山麓の村々を行商しながら関東ローム層中から発見した石器は、日本列島に「旧石器時代」＝岩宿時代という人類最古の時代があったことをはじめて実証した。その後の調査もふまえ石器群から当時の生活を復元し、岩宿の意義を再考する。